Writer's letter

길을 잃고 오늘을 사는 프라하 여행

다니던 직장을 그만두고 느닷없이 프라하에 살게 된 지 3년이 지났다. 호기 있게 사표를 내던지고 떠나올 때와는 달리 나만의 공적인 소속이 없다는 상실감은 낯선 프라하에서 더 크게 밀려왔다. 나는 여기서 말 그대로 '아무것도 아닌 사람'이었고 미래가 불안해서 자주 휘청거렸다.

그럴 때면 새벽 댓바람에도 늦은 밤에도 가리지 않고 걸었다. 마음속에서 동요가 일면 '여기 아름다운 프라하에서의 시간은 다시 돌아오지 않는다'고 스스로를 다독이며 내가 지금 발붙이고 사는 이곳을 탐색하듯 알아갔다. 그 하등에 쓸모없을 줄 알았던 '쏘다님'들과 '탐색'이 모여 당신이 지금 손에 들고 있는 이 책이 되었다.

프라하에서 한국인 여행자들이 목격되는 지점은 정해져 있었다. 구시가지 광장, 바츨라프 광장, 프라하성, 카를교 등등. 마치 그 밖으로 나가면 안 되는 장벽이라도 존재하듯 사람들은 같은 곳에 모여 프라하의 오래된 유적지만 좇는 듯 보였고 그렇게 프라하에 다녀와서는 '하루면 다 본다', '3일이면 근교까지 충분하다'고 말했다.

나는 이 책에 프라작(Pražák, 프라하 사람)들이 사는 현재진행형의 도시로서 프라하의 초상을 담고 싶었다. 세계 경제 호황의 덕을 톡톡히 보면서 활기로 가득 찬 프라하. 2.6%라는 EU 최저의 실업률을 기록하고 있고(2018.4 기준), 행복지수는 EU 에서도 상위권인 체코의 수도. 도시 면적의 절반 이상이 녹지인 세계에서 가장 푸른 도시. 당혹스러울 정도의 촌스러움과 한없는 우아함이 공존하는 곳. 해만 나면 한 편의 시적인 아름다움을 드러내고, 궂은 날씨에는 우울하고 사악한 괴물로 변신하는 곳. 무뚝뚝하다고 알려졌지만, 자연을 사랑하고 어린이와 반려견 앞에서는 한없이 따뜻한 프라하 사람들. 당신이 통속적으로 알고 있는 프라하의 유명한 관광지와 더불어 다채롭고 생생한 프라하의 '오늘'이 존재한다. 그리고 이들의 오늘을 만남으로써 당신이 사는 오늘이 더욱 다양하고 풍요로워질 것이라 믿는다.

어쩌면 지난 3년간 프라하가 내게 가르쳐 준 것은 정해진 길을 벗어나도 괜찮다는 것이었다. 졸업하면 취직을 하고, 결혼하고 부모가 되는 삶에서 어느 순간 벗어나도 길은 이어져 있다는 것. 그리고 그 길에는 경로를 이탈하지 않으면 절대 알 수 없을 또 다른 기쁨이 존재한다는 것. 그러니 당신도 프라하에서 남들이 다 걷는 그 길을 한번쯤 벗어나 발길 닿는 대로 걸어봤으면, 이 책을 손에 들고도 길을 잃어 봤으면 좋겠다. 프라하는 정해진 길을 벗어난 자에게도 자신의 매력을 드러내며 충분히 보상하는 친절하고 따뜻한 도시니까. 당신이 부지런히 걷고만 있다면 프라하에서의 시간은 썩 근사할 것이다.

누군가가 '여행한다는 것은 행복한 마음으로 불안과 부딪히는 일'이라고 했다. 기존의 프라하 관광 루트 바깥에 무엇이 있는지 넌지시 알려주는 길잡이가 되고자 한다. 이 책과 함께 프라하를 여행하는 당신, 불안한 마음은 조금 줄고 행복한 마음은 조금 더 커지길 바란다.

Tripful

CONTENTS

Issue
No.06

PRAHA
프라하
–
쿠트나 호라
보헤미안 스위스
체스키 크룸로프

Writer
윤다혜 DAHYE YOON

뭐라도 해야겠다는 압박감에 낮이고 밤이고 프라하를 걷다가 사랑하게 되었고, 프라하의 색다른 매력을 알리겠다는 마음으로 끼적대다 여기까지 왔다. 노는 것만큼 일을, 여행만큼 일상을, 자유만큼 정착을, 동행만큼 고독을, 주류만큼 비주류를 좋아하는 대책 없는 경계인이다. 하루를 꾀 내지 않고, 인생을 조바심내지 않고 살려고 한다. 앞으로 언제, 어디서, 무엇이 되어 있을지 모른다는 설렘을 즐기는 중이다.

—
Tripful = Trip + Full of
트립풀은 '여행'을 의미하는 트립Trip이란 단어에 '~이 가득한'이란 뜻의 접미사 풀-ful을 붙여 만든 합성어입니다. 낯선 여행지를 새롭게 알아가고 더 가까이 다가갈 수 있도록 도와주는 여행 무크Mook지입니다.

—
※잘못 만들어진 책은 구입한 곳에서 교환해 드립니다.

WHERE YOU'RE GOING

006 프라하는 어떤 곳일까?
로맨틱 시티, 쉽고 빠르게 이해하기

PLAN YOUR TRIP

008 NOTE & CHECKLIST
프라하 여행 전 알아두면 좋은 것들

010 FESTIVAL
다양한 프라하를 만나는 시간

011 HISTORY
인물로 보는 프라하 역사

012 THE BEST DAY COURSE
프라하 여행이 완벽해진다

COLUMN & INTERVIEW

016 '남다른 프라하'와 만나는 방법

018 지나가던 개가 웃는 곳, 프라하

020 프라하의 헌책방 여행

022 내 사랑 프라하

SPOTS TO GO TO

026 LOCAL PLACES
카를린 | 레트나, 홀리쇼비체 | 비노흐라디 | 지즈코프

036 | THEME | 블타바강
블타바강을 즐기는 완벽한 방법

038 | THEME | 프라하의 공원
자연과 함께 즐기는 프라作 라이프

040 스타레 므녜스토
프라하의 중심 구시가지

044 노베 므녜스토
무게감 있는 명소들이 자리한 신시가지

048 | 작은 사치 | 우아하게 클래식 공연

050 프라하성
아직도, 비밀의 성

054 말라 스트라나
성의 아랫동네

058 비셰흐라드
보헤미아 영광의 시작

060 | THEME | 마리오네트
엄연한 하나의 예술 작품

062 | THEME | 밀리터리
'밀리터리 덕후'를 위한 여행지

064 | 작은 사치 | 다이나믹 프라하, 액티비티 체험

LIFESTYLE & SHOPPING

- 102 디자이너 부티크
  보헤미안의 감각
- 106 앤티크 마켓
  아름답고 쓸모없는 보물 찾기
- 108 시장
  로컬들의 라이프스타일
- 110 대형 쇼핑몰
  편안하고 익숙하게
- 111 기념품
  프라하는 기념품을 남기고
- 112 | 작은 사치 | 가성비, 가심비 다 잡은 쇼핑

EAT UP

- 068 CAFE&BISTRO
  느긋하고 소소한 여정
- 074 BOOK CAFE
  프라하 북카페 산책
- 076 DESSERT&SWEETS
  달콤한 한입, 황홀한 한입
- 078 | SPECIAL | 진짜 체코 음식
  꼴레노와 뜨르델닉을 넘어서
- 080 CZECH CUISINE
  제대로 즐기는 체코 음식
- 082 INTERNATIONAL CUISINE
  프라하에서 떠나는 세계 미식 여행
- 085 MEAT
  육식주의자들의 천국
- 088 VEGETARIAN RESTAURANTS
  그린 그린 테이블
- 090 | SPECIAL | 체코 맥주
  알고 마시면 더 맛있다
- 092 BEER
  체코 맥주에는 구멍이 없다
- 094 WINE&COCKTAIL
  스타일리시하게 취하는 밤
- 096 JAZZ BAR
  재즈가 흐르는 밤
- 098 | 작은 사치 | 나를 위한 성찬 파인다이닝

PLACES TO STAY

- 116 시간이 멈춘 듯, 역사 깊은 체코 전통 가옥
- 117 물 위에서의 하룻밤, 블타바강 수상 주택
- 118 좀 오붓하게 쉽시다, 조용한 호스텔
- 119 오늘은 또 무슨 일이, 시끌벅적 호스텔
- 120 관광지 한복판 루프톱 아파트먼트
- 121 프라쟉처럼 즐기는 로컬 라이프
- 122 | 작은 사치 | 몸도 마음도 편하다, 가성비 높은 숙소

ATTRACTIVE SUBURBS

- 126 보헤미안 스위스
  신비로운 보헤미아의 대자연
- 128 체스키 크룸로프
  강 위에 피어난 한 송이 장미
- 130 쿠트나 호라
  중세 은광 도시

TRANSPORTATION

- 132 인천에서 프라하로
- 134 쉽게 이용하는 메트로, 트램, 버스

MAP

- 136 지도

WHERE
PRAHA
YOU'RE GOING

당신이 알던 프라하 너머, 낯설지만 그래서 더욱 프라하인 풍경들이 당신을 부른다.
더 천천히 걷고, 오래 머물며, 깊이 읽음 직한 도시.

프라하성과 말라 스트라나

프라하를 수호천사처럼 굽어보는 프라하성과 아기자기한 골목길들이 동화적인 풍경을 이루는 곳. 구석구석 볼거리가 많으니 찬찬히 돌아보자.

스미호프

과거 프라하 외곽의 공장 지대이자 공산주의 시절 소련군의 탱크가 주둔하던 곳이다. 현재는 공장들은 일부만 남아 있고 안델역을 중심으로 수많은 사무실이 모여 있다.

레트나 · 홀레쇼비체

프라하의 힙스터들은 이곳에서 모인다. 크고 아름다운 공원을 두 개나 품고 있고 영화관, 공연장, 바 등이 모여 있어 프라하의 얼터너티브한 모습도 엿볼 수 있는 다채로운 매력을 지녔다.

카를린

공장들이 모여 있던 곳이나 2002년 홍수로 불어난 블타바강이 휩쓸고 간 이후 최근에야 복원되었다. 현재는 사무실과 맛집, 합리적인 가격의 주거지가 어우러진 전형적인 로컬 지역이다.

지즈코프

프라하에서 가장 높은 비트코프 언덕배기에 자리한다. 공산주의와 반나치 레지스탕스의 근거지였던 이곳에 지금은 프라하의 서민들과 배낭여행자들이 모여 에부수수하지만 독특한 매력을 풍긴다.

스타레 · 노베 므네스토

중세 시대에 조성된 구 · 신시가지. 구시가지 전체는 유네스코 세계문화유산으로 지정되었으며 천문시계, 카를교, 바츨라프 광장 등 프라하의 핵심 관광지가 밀집되어 있다.

비노흐라디

핵심 관광지인 스타레 므네스토 · 노베 므네스토와 바로 면해 있지만 조용하고 한적해 고급 주택가도 자리 잡고 있다. 프라하에서 가장 사랑받는 주거지이자 맛집이 많이 모여 있는 곳.

비셰흐라드

리부셰 공주가 프라하의 건설을 예언하면서 보헤미아 왕국의 역사가 시작된 고대 요새. 현재 역사 공원으로 조성된 이곳에서 산책을 즐기거나 블타바강을 내려다보면서 한가로운 시간을 보내자.

Spot Information

① 프라하성
② 틴성당
③ 카를교
④ 바츨라프 광장
⑤ 국립극장
⑥ 비셰흐라드
⑦ 페트르진 타워
⑧ 비트코프 국립 기념관
⑨ 미루 광장
⑩ 지즈코프 TV 타워
⑪ 성 시릴과 메토디우스 성당

⑨ 50.087559, 14.421193 ▶ google GPS
Map → ①-B-3 ▶ 지도 맵코드

PLAN
PRAHA
YOUR TRIP

프라하. 잘 안다고 생각했는데 속속들이 들여다보니 몰랐던 사실도 많다.
프라하에 갈 때 알아두면 쓸모 있고 재미있는 사실들. 더욱 편하고 알찬 여행을 준비해 보자.

소요시간 11 H

매일 운항하는 직항으로 걸리는 시간은 11시간. 프라하에서 영감을 받은 에피톤 프로젝트의 '이제, 여기에서'라는 곡에는 "11시간을 건너 이곳까지 널 찾아왔어"라는 가사가 있다.

면적 495 KM²

23개 구역으로 나뉜 프라하의 총면적은 495㎢. EU에서 14번째로 큰 도시이고 서울의 0.8배 크기이다. 그러나 주요 명소는 시내 중심에 집중되어 있고 대중교통망은 촘촘하니 부지런한 발만 있으면 쉽게 돌아볼 수 있는, 여행하기 최적화된 도시라 하겠다.

종교 29 %

국가 전체가 아름다운 성당으로 뒤덮여 있지만 신을 믿는 인구가 29%에 불과할 정도로 체코는 매우 비종교적인 국가이다. 똑같이 공산주의의 지배를 받은 우크라이나와 폴란드 인구의 86%가 신을 믿는다고 답한 것에 비교된다.

맥주 1 위

전 세계에서 1인당 맥주 소비량이 가장 많은 나라는 체코. 아마 집계를 시작한 이래 부동의 1위 자리를 지키고 있을 것이다. 현재의 라거를 최초로 생산한 곳도 체코. 여러모로 체코 맥주는 세계에서 1등이다. 당연히 그 맛도 세계 최고!

1 Kč 50 WON

체코 코루나화의 환율은 50원대 초반 (2019년 5월 기준). 가격표를 보고 50을 곱하면 쉽게 한화로 가격을 추정할 수 있다. 체코 경제가 더욱 활기를 띠면서 코루나화의 가치는 점점 높아지는 추세. 현지 물가가 더 오르기 전에 프라하 여행을 서두르자!

인구 1.3 Million

프라하의 인구는 약 130만 명. 면적은 큰 차이가 나지 않는데 인구는 서울의 8분의 1 수준이니 어디든 덜 혼잡하다고 느낄 것이다. 프라하 인구에서 외국인이 차지하는 비율은 14%나 된다. 그중 가장 높은 수를 차지하는 외국인은 체코의 형제 국가인 슬로바키아인, 다음은 우크라이나인이다.

시차 8 HOURS

중부 유럽 표준시(CET)를 사용하는 프라하와 한국의 시차는 8시간. 그러나 서머타임이 적용되는 3월 마지막 주 일요일에서 10월 마지막 주까지는 7시간 차이가 난다. 서머 타임이 시작할 때에는 새벽 2시가 3시로 바뀌어 하루 한 시간이 사라지고 해제될 때에는 새벽 3시가 2시로 바뀌면서 하루 한 시간이 생겨난다.

사자꼬리 2 개

프라하 시내를 돌아다니다 보면 건물의 장식, 공공 표지판, 정부 기관 표장 등에서 꼬리가 2개인 사자를 흔히 마주치게 될 것이다. 이 '보헤미아 사자'는 13세기 고대 보헤미아 왕국의 오타카르 2세 때부터 왕국의 상징으로 사용되기 시작했으며 현재 체코의 국가 문장에도 이 사자를 찾아볼 수 있다.

1월	1일	신년
5월	1일	노동절
	8일	나치 해방 기념일
7월	5일	성 시릴과 메토디우스의 날
	6일	얀 후스 순교 기념일
9월	28일	체코 건국일
10월	28일	체코슬로바키아 건국일
11월	17일	자유와 민주 항쟁의 날
12월	25~26일	크리스마스와 성 스테판의 날

CHECK LIST

☑ 기본 인사 GREETING

"안녕하세요=도브리 덴DOBRÝ DEN", "감사합니다=데꾸유DĚKUJU", "미안합니다=빠르돈PARDON". 이 정도면 무뚝뚝한 체코인들도 웃음 짓게 할 수 있다. 체코어는 기본적으로 알파벳이 쓰인 대로 읽으면 된다.

☑ 환전 EXCHANGE

체코는 유럽 연합 회원국이지만 유로화가 아닌 코루나KORUNA라는 화폐를 사용한다. 시내 곳곳에 환전소가 많으니 환율이 좋지 않은 공항과 호텔에서 환전하지 않도록 한다.

☑ 팁 TIP

식사를 한 후 테이블에서 영수증을 요청하고, 영수증에 찍힌 가격의 10% 이내로 끝자리를 00이나 5에 맞춰서 팁을 주면 된다. 예를 들어, KČ425가 나온 경우 팁을 포함해 KČ460~465 정도가 적당하다.

☑ 레스토랑 매너 MANNER

레스토랑에서 종업원을 부르는 방법의 정석은 입가에 미소를 띤 채 종업원과 눈을 마주치고 고개를 살짝 끄덕이는 것이다. 눈이 높이에서 손을 살짝 들어주는 것도 오케이. 절대 소리를 외치거나 손짓으로 사람을 부르지 않도록. 인내심을 발휘해야 한다.

☑ 치안 BECAREFUL

2018년 발표된 '세계 평화지수'에서 안전한 나라 7위로 체코가 선정되었다. 이처럼 프라하의 치안은 유럽에서 손꼽힐 정도로 양호한 편. 밤늦게 거리를 걷거나 대중교통을 이용해도 위험하지 않고 소매치기도 다른 서유럽 관광도시에 비해 적은 편이다.

☑ 영업시간 확인 TIME

여름과 겨울의 일몰 시간에 차이가 크기 때문에 일부 가게와 레스토랑의 경우 여름에는 늦게까지 영업하고 겨울에는 문을 일찍 닫는다. 또 요일마다 영업시간이 차이가 나기도 한다.

☑ 개들의 천국 DOG

개에 대한 체코인들의 사랑은 유난하고 어디든 반려견을 데리고 다니니 음식점, 카페, 대중교통 등 어디서든 개들을 만날 수 있다. 때론 목줄도, 입마개도 없이 늑대만 한 대형견을 데리고 다니기도 하는데 이 친구들은 훈련이 워낙 잘되어 있다.

☑ 화장실 TOILET

관광지를 벗어나면 간혹 성별 표시가 체코어로만 되어있는 화장실을 맞닥뜨린다. 남자는 M, 혹은 MUŽI, 여자는 Ž혹은 ŽENY, 아니면 D혹은 DÁMY라고 표시되어 있다. 아무런 표시도 되어 있지 않은 남녀 공용 화장실도 흔하니 당황하지 말자.

✓ FESTIVAL

프라하에서 열리는 페스티벌은 다양한 주제를 넘나든다.
가톨릭 전통을 따르는 카니발과 드레스와 턱시도를 입고 모이는 클래식 음악제부터 대안적인 퀴어 축제,
신나는 서커스까지. 이렇게 각양각색의 이미지가 중첩되어 만들어낸 '다양성'이 바로 프라하의 얼굴이다.

2月 / 마소푸스트 Masopust

예수의 고난을 기리며 금욕하는 '사순절'이 오기 전 한껏 먹고 마시던 축제에서 '카니발'이 유래했다. 체코의 카니발은 돼지를 잡아 다 같이 나누어 먹었던 전통 때문에 '고기 축제'라는 뜻의 '마소푸스트'로 불린다. 동물, 악마 등으로 분장한 사람들이 행진을 하고 광장에서 음식을 나누어 먹는다.

5月 / 프라하의 봄 국제 음악제 FESTIVAL PRAŽSKÉ JARO

6월 초까지 계속되는 프라하를 대표하는 세계적인 국제 음악제로 전 세계 유명 클래식 스타들의 공연을 감상할 수 있다. 체코의 국민 작곡가 스메타나의 기일인 5월 12일 개막 공연에서는 '시민회관'에서 스메타나의 〈나의 조국〉을, 폐막식에서는 베토벤 교향곡 9번 〈합창〉을 연주하는 전통이 있다. ▶ festival.cz

5月 / 체코 맥주 페스티벌 ČESKÝ PIVNÍ FESTIVAL

5월 중순부터 17일간 레트나 공원에서 열리는 체코의 맥주 축제! 독일 옥토버 페스트 특유의 광란 분위기와는 달리, 5월의 따사로운 햇살 아래 천천히 이 맥주 저 맥주를 음미하는 유쾌하고 명랑한 분위기가 특징이다.
▶ ceskypivnifestival.cz

7月 / 보헤미아 재즈 페스트 BOHEMIA JAZZ FEST

한여름의 프라하를 아름다운 재즈 선율로 가득 채우는 야외 재즈 페스티벌. 석양에 붉게 물든 틴성당 앞에 앉아 와인을 홀짝이며 듣고 보는 재즈 공연은 로맨틱 그 자체. 공연이 공짜라는 사실.
▶ bohemiajazzfest.cz

8月 / 프라하 프라이드 PRAGUE PRIDE

프라하의 성대한 성 소수자 축제. 공산 정권이 붕괴한 후 체코인들은 성 소수자 등 민감한 이슈에 다른 유럽 국가보다 더욱 개방적인 태도를 취해 왔다. 사람들이 거대한 무지개 기를 들고 시내를 행진하는 '프라이드 퍼레이드'가 축제의 백미. 체코 관광청, 메리어트 호텔 등 권위 있는 기관과 기업도 행사의 공식 파트너이다.
▶ praguepride.cz

8-9月 / 레트니 레트나 LETNÍ LETN

10月 / 시그널 페스티벌 SIGNAL FESTIVAL

프라하를 들썩이게 하는 4일간의 빛의 향연. 눈부신 여름이 가고 해가 급격히 짧아지기 시작하는 10월, 어두워지는 프라하의 밤을 조금이라도 더 밝히려는 듯 공공장소와 역사적인 건물에 조명을 활용한 실험적인 예술 작품들이 설치되는 빛의 축제가 열린다.
▶ signalfestival.com

레트나 공원에서 매년 여름 펼쳐지는 체코의 서커스 축제로 전 세계 굵직한 서커스 컴퍼니들이 다녀갔다. 축제 기간 수많은 서커스단의 카라반과 천막, 무대로 북적이고, 빨갛고 노란 대형 천막, 마술사와 미녀, 피에로 등 서커스에 대한 환상이 현실이 된다.
▶ letniletna.cz

HISTORY

체코는 동서유럽을 잇는 지정학적 위치로 인해 잦은 외세의 침략을 받았다.
300여 년이나 지속된 합스부르크 가문과 오스트리아-헝가리 제국의 지배가 끝나자마자 나치 독일이 밀고 들어왔고,
1946년 국민들이 자발적으로 선택한 공산당은 결국 소련의 꼭두각시가 되었다.
그 역사의 질곡에서 자신의 언어와 문화를 오롯이 지켜냈으니 자국 문화에 대한 자부심이 대단할 수밖에.

8~9세기
리부셰 공주 Kněžna Libuše
체코의 건국 신화에 나오는 전설 속의 공주. 비셰흐라드강 건너편에 '영광이 별빛까지 이르는' 도시가 세워질 것이라는 예지몽을 꾸고 체코 최초의 왕조 '프르제미슬 왕조'를 세웠으며 8~9세기경, 현재의 프라하성 근처에 프라하를 세웠다.

14세기 카를 4세 Karel IV
중세시대 보헤미아의 성군이자 신성로마제국 황제였던 그는 프라하를 신성로마제국의 수도로 삼았고, 그 위상에 걸맞게 인프라를 정비하고 대학을 세우는 등 프라하와 보헤미아를 크게 부흥시켰다.
* '카를 대제'와 헷갈리지 말자. 카를 대제는 8세기 프랑크 왕국(현재의 프랑스)을 통일한 '샤를마뉴'를 말한다.

16세기 말~17세기 초
루돌프 2세 Rudolf II
천문학, 연금술, 예술 등에 관심이 많았던 신성로마제국 황제 루돌프 2세는 빈에서 프라하로 거처를 옮기고 당대 실력 있는 과학자, 예술가들을 불러들였다. 덕분에 프라하는 문화적 변방에서 벗어나 16세기 르네상스의 본류로 합류할 수 있었다.

1968년 프라하의 봄
알렉산드르 둡체크 Alexander Dubček
공산당 1서기 둡체크는 사법제 독립, 검열제 폐지 등 전격적인 민주·자유화 정책을 도입했는데 이것이 바로 '프라하의 봄'. 이를 저지하기 위해 소련군 20만 명이 프라하를 침공하고 둡체크를 끌어내렸고, 개혁 정책을 추종했던 정치인과 지식인 50만 명을 숙청했다.

10세기 성 바츨라프 Svatý Václav
10세기 초에 보헤미아 지역을 다스린 왕자이자 체코의 수호성인. 보헤미아 지역의 가톨릭 세력을 공고히 한 공을 인정받아 성인으로 추앙되었다. 통치 기간에는 가난한 사람, 억울한 죄수 등을 도와주는 '선한 왕 바츨라프'였다고 전해진다.

14세기 말~15세기 초
얀 후스 Jan Hus
후스는 루터보다 100년이나 앞서 가톨릭의 세속화를 비판하다 콘스탄스 공의회에서 이단으로 몰려 화형을 당했다. 그의 죽음 이후 보헤미아 민중들은 가톨릭 관군과 15년간 '후스 전쟁'을 벌이며 그들의 종교를 지켜냈다.

1918년 체코슬로바키아의 독립
토마쉬 마사리크 Tomáš Masaryk
300여 년간의 합스부르크와 오스트리아-헝가리 제국의 지배가 끝나고 '체코슬로바키아' 독립국이 탄생했고 철학자, 사회학자이자 교수였던 토마쉬 마사리크가 초대 대통령이 되어 1935년까지 재임했다. 체코와 슬로바키아 모두에서 건국의 아버지로 불린다.

1989년 벨벳 혁명
바츨라프 하벨 Václav Havel
1989년 의회는 반소련·민주화 운동의 거목이었던 그를 대통령으로 지목했다. 하벨은 공산당을 물러나게 한 평화적인 민주화 혁명을 가리켜 '벨벳 혁명'이라 일컬었다. 1993년 체코와 슬로바키아가 분리된 후 다시 체코의 초대 대통령으로 선출되었다.

Timeline: 700 · 800 · 900 · 1300 · 1400 · 1500 · 1600 · 1918 · 1968 · 1989

PRAHA
THE BEST DAY COURSE

1day
여행 첫째 날

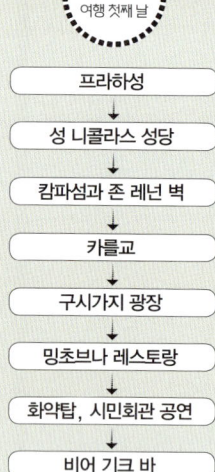

프라하성
↓
성 니콜라스 성당
↓
캄파섬과 존 레넌 벽
↓
카를교
↓
구시가지 광장
↓
밍초브나 레스토랑
↓
화약탑, 시민회관 공연
↓
비어 기크 바

2day
여행 둘째 날

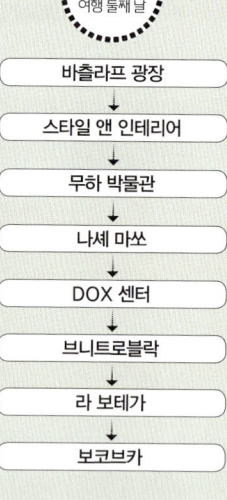

바츨라프 광장
↓
스타일 앤 인테리어
↓
무하 박물관
↓
나셰 마쏘
↓
DOX 센터
↓
브니트로블락
↓
라 보테가
↓
보코브카

3day
여행 셋째 날

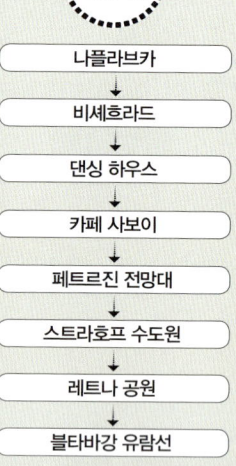

나플라브카
↓
비셰흐라드
↓
댄싱 하우스
↓
카페 사보이
↓
페트르진 전망대
↓
스트라호프 수도원
↓
레트나 공원
↓
블타바강 유람선

4day
여행 넷째 날

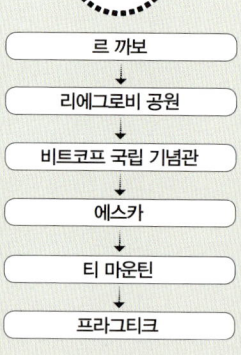

르 까보
↓
리에그로비 공원
↓
비트코프 국립 기념관
↓
에스카
↓
티 마운틴
↓
프라그티크

+1day
근교나들이

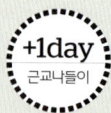

보헤미안 스위스

쿠트나 호라

체스키 크룸로프

1 day
여행 첫째 날

 10:00 am 프라하성

프라하성에 귀속된 정원들과 정다운 노비 스비엣 길, 재미있는 간판들이 모여 있는 네루도바 거리까지 꼼꼼히 둘러보며 프라하에 왔음을 실감하자.

14:00 pm 성 니콜라스 성당

돔 지붕이 아름다운 프라하의 대표적인 바로크 건물. 화려한 프레스코화와 조각상들을 올려다보면서 숭고미를 체험하는 시간.

15:00 pm 캄파섬과 존 레넌 벽

카를교 바로 아래에 있지만 로컬과 관광객이 공존하는 캄파섬과 공산주의 정권하 체코 젊은이들의 대나무 숲이었던 존 레넌 벽.

 16:00 pm 카를교

카를교의 낭만은 명불허전. 만지면 프라하에 다시 오게 된다는 전설을 가진 얀 네포무츠키 동판 부조는 일단 만지고 보자. 당신은 이 도시를 그리워하게 될 테니까.

 22:00 pm 비어 기크 바

체코 크래프트 맥주 탐방의 시간. 안주로 시킨 윙도 맛있으니 배가 불러와도 술잔을 내려놓을 수가 없다.

20:00 pm 화약탑, 시민회관 공연

프라하 시립 교향악단의 주 무대이자 '프라하의 봄 음악제'의 개폐막 공연이 열리는 시민회관. 관광객을 대상으로 한 가벼운 클래식 콘서트가 매일 열린다.

18:00 pm 밍초브나 레스토랑

첫날 저녁 식사는 역시 체코식. 제대로 된 체코 음식을 맛있게 내는 곳에서 품격 있는 식사를 즐기자. 이곳의 필스너 우르켈도 최고다.

 17:00 pm 구시가지 광장

드디어 프라하 천문 시계를 만나는 시간. 얀 후스 동상과 틴성당, 성 니콜라스 성당을 둘러본 후 시계탑 전망대에 올라 보자.

2 day
여행 둘째 날

 09:00 am 바츨라프 광장

바츨라프 기마상, 얀 팔라흐 추모 기념비뿐 아니라 루체르나 궁, 프란체스코 정원 등 소소한 볼거리를 놓치지 말자.

 10:00 am 스타일 앤 인테리어

혼잡한 바츨라프 광장 옆에 이런 곳이. 햇살 내리쬐는 정원에서 먹는 우아한 브런치. 온실이 있으니 추운 날에도 걱정 없다.

11:30 pm 무하 박물관

체코 아르누보의 대가 알폰스 무하를 만나지 않고 프라하를 떠날 수는 없다. 그의 작품은 장식적이고 화려하면서도 고고한 기품이 배어 있다.

 13:00 pm 나셰 마쏘

인기 최고의 정육 식당. 혼잡하고 좁은 매장에서 오래도록 줄을 서도 드라이 에이징 스테이크를 한 입 베어 무는 순간 모든 것이 용서된다.

| 21:30 pm 보코브카 | 19:30 pm 라 보테가 | 18:00 pm 브니트로블락 | 15:00 pm DOX 센터 |

어제는 체코의 맥주, 오늘은 모라비아 화이트 와인으로 분위기를 내면서 하루를 마무리한다. 와인처럼 좋은 향기가 나는 프라하 여행이기를.

샐러드바가 딸린 이탈리안 레스토랑. 와인, 스테이크, 파스타 등등 모든 메뉴가 훌륭하니 프라하에 전에 없던 이탈리아 레스토랑을 만들고 싶었던 주인의 꿈은 이루어졌다.

프라하 힙스터들이 어디서 노는지 살짝 엿보자. 과거 창고를 개조한 곳에 들어간 문화 공간, 편집숍, 카페는 멋지면서도 아늑해 오래도록 머물고 싶어진다.

거대한 공장 터를 활용해 만든 현대 미술관. 도발적이고 유쾌한 프라하의 얼굴을 만나는 시간이다. 거대한 나무 비행선 '걸리버'는 볼수록 독특한 공간이다.

3 day
여행 셋째 날

| 09:00 am 나플라브카 | 10:30 am 비셰흐라드 | 12:00 pm 댄싱 하우스 | 13:30 pm 카페 사보이 |

일정 중에 토요일이 낀다면 아침에는 무조건 나플라브카로 향하자. 가장 인기 많은 파머스 마켓이 서는 날이니까. 블타바강, 프라하성, 로컬과 관광객 모두가 어우러지는 곳.

안 가 본 사람은 있어도 가 봤는데 별로였다는 사람은 없다. 공원이자 체코 위인들의 안식처, 블타바강과 프라하성 뷰포인트에서 머리를 비우고 가슴을 가득 채우는 시간.

밖에 서서 사진만 찍지 말자. 꼭대기 '글라스 바'에 올라 커피 한잔하면서 탁 트인 블타바강과 이리저리 뻗은 다리들을 눈에 담아야 한다.

1893년의 모습을 간직하고 있는 아름다운 네오 르네상스 스타일의 천장에 압도된다. 브런치, 체코 음식, 디저트 등이 전부 맛있으니 무엇이든 마음 놓고 주문하자.

| 20:00 pm 블타바강 유람선 | 18:00 pm 레트나 공원 | 16:30 pm 스트라호프 수도원 | 15:00 pm 페트르진 전망대 |

강변의 아름다운 건물들이 황금빛으로 빛나는 모습을 바라보며 유럽 3대 야경의 위엄을 실감한다. 프라하와 뜨겁게 이별하는 마지막 밤.

아름다운 뷰, 레포츠를 즐기는 로컬들이 주는 활기, 한적한 산책로. 프라하에서 가장 유명한 공원인 데에는 다 이유가 있는 법.

세계에서 가장 아름다운 도서관으로 자주 꼽히는 '스트라호프 도서관', 가슴이 탁 트이면서도 아기자기한 프라하의 뷰에 눈이 두 번 호강하는 곳.

에펠탑 꼭대기에서 바라보는 프라하는 어떨까? 크기는 에펠탑의 5분의 1이지만 비탈진 공원 꼭대기에 세워져 있기 때문에 전망대의 높이는 에펠탑과 같은 전망 탑. 한적한 공원의 여유는 덤.

4 day
여행 넷째 날

09:00 am 르 까보

10:00 am 리에그로비 공원

11:00 am 비트코프 국립 기념관

프라하 최고의 바게트를 먹을 수 있는 파리식 카페에서 여유롭게 브런치를 즐기며 현지인의 삶에 녹아드는 시간.

이른 아침, 프라하의 전경이 한눈에 들어오는 로컬 공원 산책. 신나게 뛰어노는 프라하의 개들, 지저귀는 새 소리, 살랑대는 바람 모두 마음속에 꼭꼭 담아 가자.

제2차 세계대전과 냉전의 희생양이라는 점에서 우리와 참 닮은 체코의 근현대사를 흥미롭게 살펴볼 수 있는 곳. 전망대에서 바라보는 풍경 아름답지는 않아도 진실하고 꾸밈없는 '프라하의 맨얼굴'이다.

15:00 pm 프라그티크

14:00 pm 티 마운틴

12:30 pm 에스카

떠나기가 아쉬워 깜찍 발랄한 프라하 기념품 몇 점을 더 사 본다. 다시 프라하에 돌아올 날을 그리며 이 도시가 그리울 때마다 꺼내서 볼 녀석들.

고급스러운 젠 스타일의 인테리어, 차에 대한 열정으로 가득한 운영진들이 엄선해 가져다 놓은 귀한 차 컬렉션으로 빛이 나는 곳이다. 맑고 차분한 힐링의 공간.

메뉴판에 쓰인 설명으로는 짐작할 수 없는 감각적이고 세련된 요리들을 맛볼 수 있다. 교통이 조금 불편한 이곳까지 찾아와 준 당신을 실망하게 하지 않을 것이다.

+1 day
근교나들이

쿠트나 호라
중세 은광 도시와
으스스하지만 경건한 해골 성당

보헤미안 스위스
보헤미아의 광활한 자연과
어디서도 볼 수 없는 천국의 문

체스키 크룸로프
동화 속에 나올법한
유네스코 세계문화유산의 도시

PRAHA

SPECIAL COLUMN

'남다른 프라하'와 만나는 간단하고 소소한 방법

영원한 여행이란 없다. 여행이란 것은 다시 내가 속한 세계로 돌아오는 일이고, 정해진 시간이 있다는 것은 언제나 아쉬운 일이다. '한 달 살기'가 유행처럼 번지고 있지만, 그렇게 긴 기간 모든 것을 다 내려놓고 떠날 수 있는 사람이 몇이나 된단 말인가. 아직은 시간과 돈이라는 여건이 허락하는 짧은 기간을 허투루 쓰지 않기 위해 용쓰는 것이 평범한 우리네의 여행이다.
짧은 기간을 여행하다 보면 아무래도 많은 사람이 추천하는 주요 관광지 위주로 다니게 되고 '로컬처럼 하는 여행'은 또 다음번을 기약하게 된다. 그러나 프라하에서만큼은 남들도 다 간다는 '프라하 필수 코스'를 소화하면서 프라하의 속살까지 엿보는 여행이 의외로 어렵지 않다. 주어진 일정 속에서 틈틈이 남다른 프라하를 만날 수 있는 균형 잡힌 여행. 그를 위한 간단하고 소소한 팁이 바로 여기에 있다.

①

하늘을 바라보자.
사진에서만 보던 환상적인 광경을 눈으로 확인하기 위해 여기까지 왔을 테지만, 안타깝게도 프라하 관광 명소에서 당신의 시야에 들어오는 것들은 엉터리 타이 마사지 숍, 싸구려 기념품 숍, 성인 카바레 광고판 등일 것이다. 또 혼잡하고 소란한 속에서 인파에 떠밀려 다니다 보면 여행의 감흥보다는 고생스러운 기억만 남기도 한다.
그럴 때, 잠시 고개를 들어 위쪽을 바라보자. 1층의 싸구려 기념품 숍과는 달리 우아하고 기품 있는 건물의 장식과 푸른 하늘이 숨통을 틔워 준다. 프라하는 도시 곳곳에 고딕 양식, 바로크식 성당부터 근현대의 아르누보, 큐비즘 빌라 등 다양한 양식의 건축물들이 잘 보존되어 있다. 구시가지 광장 한 귀퉁이 타이 마사지 숍을 마주쳤을 때 위를 올려다보면 성 바츨라프를 묘사한 아름다운 프레스코화가 나타난다. 전 세계 관광지마다 맥락 없이 튀어나오는 하드락 카페의 건물마저 화려한 프레스코 장식으로 수 놓인 네오 르네상스 건물이다. 앞사람의 뒷모습만 보면서 골목길을 걷다가 위쪽을 바라보면 멋진 부조로 장식된 창문과 아담한 건물들이 다정하게 늘어선 모습이 눈에 들어온다.
잠시 눈을 들어 하늘을 보는 것, '세계 건축사 박물관'이라는 별명을 가진 프라하에서 관광지의 키치함을 벗어나 시야를 환기하는 간단한 방법이다.

 현지인은 공원에서

프라하 현지인들의 삶을 들여다보고 싶은데 그들이 사는 구역까지 찾아갈 일정이 되지 않는다면 근처 공원으로 향하자. 프라하의 공원이라니, 대체 어디를 가야 하는지 딱히 떠오르지 않겠지만 걱정하지 않아도 된다. 고만고만한 크기의 녹지들이 촘촘히 들어차 있는 도시, 누구나 집 근처에 작은 공원 하나씩은 가지고 있는 도시가 프라하니까. 심지어 카를교 바로 옆에도 작은 공원이 숨어 있다는 사실, 몰랐을 거다. 100년을 훌쩍 넘긴 왕의 사냥터였던 곳부터 프라하성의 잡동사니를 보관하던 공터였던 곳 등 다양한 배경을 가진 이런 공원들은 프라하 시민들의 훌륭한 쉼터이다.

공원에서 만난 현지인의 라이프스타일은 어떤 모습일까? 못 말리는 아웃도어 액티비티 광으로도 유명한 체코인들이 스트리트 하키, 조깅, 슬랙라이닝, 프리스비 등을 즐기고 있을 것이다. 눈이 오면 집에 있는 스키를 꺼내 내와 비탈에서 스키를 탄다. 또 유럽에서 인구당 반려견 수가 가장 많은 도시이니 사람들이 반려견을 산책시키는 모습은 프라하 로컬의 전형적인 풍경이다. 체코는 전 세계에서 맥주 소비량이 가장 높은 국가이자 유럽에서 가장 책을 많이 읽는 국가이니 사람들은 맥주를 마시며 책을 읽고 있겠다. 당신이 프라하 어디에 있든 구글 맵을 켜고 줌아웃을 한 후, 당신과 가장 가까운 녹지로 향하기만 하면 잠시나마 로컬들의 삶에 스며들 수 있다.

 완벽한 여행을 위해 너무 애쓰지 마라.

여행의 팁이라면서 여행을 위해 너무 애쓰지 말라니 이게 무슨 말인가. '국민성'에 대해 이야기하는 것은 언제나 조심스러운 일이지만, 체코 사람들은 불같은 야심이 없고 소박하며, 현재에 그럭저럭 만족하며 맞춰 사는 경향이 있다고도 잘 알려져 있다.

일상의 공간에서 이들은 완벽함보다는 '적당한 것들의 균형'을 중시한다. 예를 들어 카페의 인테리어 콘셉트를 통일해 흠결 없는 공간이 되는 것에 집착하지 않고, 새로운 테이블과 그릇이 필요하면 버룩시장에서 적당한 것을 사다 놓는다. 특별히 친절한 서비스를 위해 "아름다운 아가씨, 어디서 오셨나요?" 같은 빈말로 분위기를 띄우지 않는다. '더 나은 무엇'이 되고 완전무결하기 위해 기를 쓰는 건 이들의 성향과 거리가 멀다. 그래서 여전히 관광지를 벗어난 프라하의 맨얼굴은 완벽미와 세련미와는 거리가 멀다. 어딘가 어수룩하고 변변치 못하며, 어울리지 않는 것들이 묘하게 조합되어 있는데, 그러나 있는 그대로 진솔하며 편안한 분위기를 풍기는 것이 프라하의 매력이라 하겠다.

그러니 빡빡하게 짠 여행 계획을 완수하겠다는 굳은 의지 따위는 살짝 내려놓아도 좋다. 볼거리 많은 이곳에서 숙소에 그냥 '누워 있어도 죄책감을 느끼지 않는' 경지에 이르러도 좋다. 조금 느슨하고 서툴러도 온전하게 행복한 여행이야말로 프라하의 호흡에 발맞추는 여행이다.

다만 카를교를 걸으며 얀 네포무츠키의 부조를 쓰다듬는 것만 잊지 말자. 이번 여행에서 못다 한 것들을 이루기 위해 프라하에 다시 돌아와야 하니 말이다.

PRAHA
SPECIAL INTERVIEW

지나가던 개가 웃는 곳, 프라하

프라하에는 어디에나 개가 있다.
길거리와 공원은 물론 대중교통, 음식점, 호텔 등등.
프라하를 돌아다니면서 한 마리의 개도 만나지 않는다는 것은
불가능하고, 날이 좋은 주말에 공원을 걸으면
한 시간 내에 열 마리 정도 만나는 것은 일도 아니다.
개는 그저 프라하의 풍경을 이루는 일부이다.

프라하의 개들은 대체로 의젓하고 느긋하다. 보호자가 식사하고 있을 때는 식탁 아래 들어가 가만히 앉아 있는다. 혼잡한 메트로 안에서 웅크리고 조용히 앉아 있는 개들을 볼 때면 누가 모르고 앞발을 밟고 지나가지는 않을까 걱정이 될 정도. 종종거리면서 에스컬레이터와 트램도 곧잘 올라타고 공공장소에서 짖는 일은 거의 볼 수 없다. 그래서인가 개를 대하는 사람들의 태도도 너그럽다.

개에 물리는 사고가 급증하고, 입마개와 목줄 착용의 적절성에 대한 논란이 계속되는 한국. 그런데 프라하에서 체감한 개와 인간 사이의 관계는 무언가 달랐다. 체코의 반려견 문화에 대해 알아보기 위해 내 친구 로베르트에게 인터뷰를 청했다. 그의 반려견은 22개월 골든 리트리버 이기Iggy. 사람 나이로는 14살 정도로 한창 장난꾸러기인 수컷이다.

왜 개를 키우게 된 거니?
딸에게 친구를 만들어 주려고. 우리 부부가 일하는 동안 딸에게 충성스러운 친구가 있기를 바랐어(로베르트와 가브리엘라 부부는 낮에는 사무직으로, 밤에는 요가 강사로 일한다).
개를 데려오겠다고 마음먹었을 때 여러 견종을 살펴봤는데 골든 리트리버가 공격성도 낮고 인간과 잘 지낸다고 해서 택했지. 우리는 전문 브리더에게 가서 혈통 증명서가 있는 아이로 데려왔어.

'순종'에 집착해서 그런 거야? 여기서도 사람들은 순종견이 우월하다고 생각해?
아니, 절대 아니야. 오로지 어린 딸 때문이야. 우리가 없을 때 딸과 개가 단둘이 있는 시간이 많을 텐데 순하다는 골든 리트리버의 본성을 오롯이 가지고 있는 아이를 원했을 뿐이야.
우리도 만약 둘만 살았으면 유기견 보호소에서 입양했을 거야. 실제로 체코에서는 유기견 입양이 무척 흔한 일이야.

체코 사람들이 유난히 개를 좋아하는 것, 맞지? 왜 그럴까?
통계적으로 유럽에서 인구당 반려견 수가 가장 많은 나라가 체코이기는 해. 체코에는 인구 100명당 18마리의 개가, 벨기에에는 100명당 1마리의 개가 산다고 하더라. 프라하에는 인구 13명당 1마리의 개가 있대.
나도 왜 체코인들이 개를 좋아하는지 확실한 이유는 잘 모르겠지만, 원래 체코 사람들이 자연과 야외활동을 정말 좋아하잖아. 그래서 지금도 집에서 토끼, 오리, 개, 고양이 등을 키우는 게 흔해. 도시인 프라하에서도 동물을 기르고 집에 들이는 게 자연스러운 것이지.
또 공산주의 시절에 우리는 교외에 허름한 오두막을

소유할 수 있었는데, 그곳은 체코인들에게 국가의 통제력이 미치지 않고 온전히 개인의 자유를 누릴 수 있는 소중한 공간이었어. 사람들은 그 주말 별장에 큰 애정을 가졌고 마당을 이용해 가장 친숙한 반려동물인 개를 많이 길렀지. 이때 개와 함께 자라난 세대가 커서도 개를 기르게 되었고, 그들의 자녀들도 계속 개를 기르고 살아가고…. 그러면서 개를 기르는 사람이 이렇게 많아진 것 같아. 공산주의 시절에는 저먼 셰퍼드와 닥스훈트를 많이 키웠는데 지금은 골든 리트리버, 보더 콜리, 래브라도를 많이 선호하는 추세야.

프라하에서 만난 개들은 다들 젠틀하고 훈련이 잘된 것 같더라. 보호자와 개가 훈련 센터에 가는 일이 흔하니?
체코 전역에 훈련 센터가 정말 많고 이용 가격도 저렴하지. 개를 기르게 되면 기본 트레이닝 코스를 흔히 다녀오는데 다른 개와의 사회성 교육, 사람에 놀라거나 사람을 공격하지 않는 교육, 횡단보도와 차, 계단 등 인간 생활에 친숙해지는 교육을 받아.

우리나라 개들도 훈련 센터에 가는데 유난히 체코 개들이 더 느긋하게 느껴지는 이유는 뭐지?
체코 사람들은 개에게 편안한 환경을 조성하고 개와의 올바른 관계를 설정하는 데 많은 공을 들이고 있어. 예를 들어, 우리 가족의 경우 하루에 최소 3번, 많게는 5번까지 돌아가면서 산책을 시켜. 또 나는 이기를 여름에 데려왔고, 여름휴가 2주를 오롯이 이기가 우리 집에 잘 적응하도록 돕는 데 투자했어.
개를 데려온다는 것은 하나의 가족이 태어나는 것과 같아. 처음 아기가 태어났을 때 주변의 모든 사람들이 그 아이와의 신뢰 형성에 최선을 다하잖아, 육아 휴직도 쓰고. 함께 살아가기 위해서는 그 정도 시간과 애정을 투자하는 게 당연하다고 여기는 사회 분위기가 사람과 잘 공존할 수 있는 개를 만드는 게 아닐까.

그때 유모차를 끄는 엄마와 꼬마 아이 두 명이 걸어와 우리가 앉아 있던 벤치 옆자리에 앉았다. 이기는 꼬마들에게 관심을 보이다가 로버트가 강하게 '안돼'라고 하자 제자리로 돌아왔다. 엄마는 목줄을 하지 않은 대형견이 아이들 가까이에 있는데도 전혀 동요하지 않고 오히려 이기와 로버트를 향해 가볍게 미소를 지어 주기까지 했다.

저 엄마의 반응이 너무 신기해. 체코에서는 대형견에 물려서 사람이 다치는 사고가 없니?
있기는 한데 아주 드물지. 오히려 공원에 가면 아이 엄마들은 자신의 아이가 개를 만져 보기를 바라.

프라하 주거 지역에 배설물이 꽤 많기도 하고 큰 개들이 목줄 없이 다니는 것도 가끔 봐. 펫티켓을 잘 지키지 않는 사람도 꽤 있는 것 같아. 반려견 보호자가 지켜야 하는 특별한 룰이 있을까?
다른 나라와 비슷할 거야. 배설물은 치우고, 길거리를 걸을 때에는 목줄을 하고, 입마개는 대중교통을 이용할 때 하면 돼. 또 보호자의 거주지에 개를 등록해 타투를 받거나 칩을 심어야 하고.
위반 시 처벌과 벌금은 프라하 구역마다 달라. 사람에게도 개에게도 위한 상황을 피하기 위해 길거리에서는 무조건 목줄은 해야 한다고 봐. 프라하는 녹지가 많아 이렇게 집 근처 녹지에서 목줄을 풀어 주고 맘껏 뛰어놀게 하면 되지.

우습게 들리겠지만 체코에서 만난 개들이 다들 행복해 보여서 다시 태어나면 체코의 개로 태어나고 싶다는 생각을 한 적이 있어.
우습다니, 나도 그런걸? 스웨덴산 사료에 엘크 뼈 장난감에…. 내가 이 녀석에게 잘해 주는 것을 생각하면 나는 정말 '내 개'로 다시 태어나고 싶다고.

프라하의 반려견들

프라하에서 살맛 납니다 멍멍!!

PRAHA
SPECIAL INTERVIEW

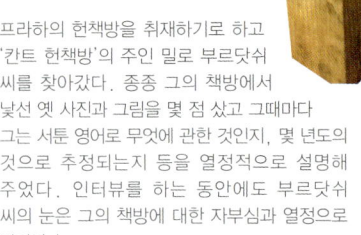

마사릭 대통령
최초의 초상화

프라하의 헌책방을 취재하기로 하고 '칸트 헌책방'의 주인 밀로 부르닷쉬 씨를 찾아갔다. 종종 그의 책방에서 낯선 옛 사진과 그림을 몇 점 샀고 그때마다 그는 서툰 영어로 무엇에 관한 것인지, 몇 년도의 것으로 추정되는지 등을 열정적으로 설명해 주었다. 인터뷰를 하는 동안에도 부르닷쉬 씨의 눈은 그의 책방에 대한 자부심과 열정으로 반짝였다.

'칸트 헌책방'의 지난날에 대해 알고 싶어요.
이 서점은 1993년에 처음 생겼어. 공산 정권 붕괴 이후부터 1997년도 정도까지가 황금기였지. 120㎡ 정도 되는 이 책방에도 무려 7명의 점원이 일했어. 퇴근 시간이면 사람들이 배꼽부터 목까지 책을 쌓아 들고 계산대에 길게 줄을 섰지.
공산정권이 물러난 이후 금서목록에서 해지된 책을 구하려는 열풍이 불었어. 박해를 피해 해외로 망명했던 체코인들이 고국으로 들어올 때 쿤데라나 흐라발의 작품을 가지고 왔고 헌책방마다 그것을 사려는 사람들로 북새통이었지.
또 각종 학술 기관, 공공 도서관 등에서 이전까지 쉽게 구할 수 없었던 영어 서적, 서방의 학술 서적에 대한 수요가 늘었어. 매일 1,000권 이상 팔아 치우던 시절이었어. 지금은 다들 전자책을 읽으니 하루에 20~30권, 많으면 50권 정도 팔고 있어.

프라하의 헌책방 여행

헌책방에 들어서면 케케묵은 종이 냄새가 진하게 피어오른다. 낯설고 불친절한 이국의 언어에 둘러싸여 있지만 폴폴 먼지가 나는 책들 사이에 서면 신기하게도 왠지 모를 아련함과 그리움이 밀려온다. 프라하에는 파리의 '셰익스피어 앤 컴퍼니'처럼 관광객에게 유명한 헌책방은 없다. 그러나 프라하 사람들의 일상에 자연스레 녹아 있는 '안티크바리아트'가 있다. '안티크바리아트ANTIKVARIAT'가 체코어로 '헌책방'을 뜻한다는 것을 알고 나니 도시 규모에 비해 유난히 많은 헌책방들이 눈에 들어왔다.

체코인들은 왜 '책벌레'로 알려져 있을까요?
좁고 겨울이 긴 나라일수록 책을 많이 읽는다는 건 잘 알려진 이야기이지만 체코의 경우 특별한 역사적 배경이 있는데 바로 얀 후스의 프로테스탄트 전통이야. 우리는 중세 시대부터 진리를 깨우치고 구원을 받기 위해서 성서를 '직접 읽어야 한다'는 걸 알았어. 그래서 비슷한 기후임에도 불구하고 가톨릭 국가인 폴란드보다 훨씬 독서율이 높지.
또 하나는 '도서관법'도 영향이 있지 않을까 싶어. 1918년 체코슬로바키아가 독립하고 난 후, 체코어 보급률을 높이고 국민 교육을 장려하기 위해 모든 도시, 모든 커뮤니티별로 도서관이 하나씩 있어야 한다는 '도서관법'이 제정되었어. 그로 인해 체코에는 헌책방과 서점만큼이나 도서관이 참 많아. 그때부터 사람들은 독서 습관을 자연스레 익혔다고 봐.
(체코에는 인구 1,971명 당 도서관 1개가 있다. '인구 10만 명 당 도서관 수'를 봐도 EU 평균보다 4배, 미국 평균보다 10배나 많다)

가장 아끼는 매물이 무엇인지 알려 주세요.
너무 아까워서 절대 팔지 않는 것들이 있기는 해. 하나는 마사릭 대통령 최초의 초상화야. 1919년 마사릭이 미국에서 막 들어왔을 때 체코의 유명한

⊙ Opatovická 26 메트로 B선 · 트램 나로드니트르지다Národní třída역 도보 2분
⊕ 50.080319, 14.418277 ☎ 224-934-219 🕐 화-금 10:00-18:00 토·월 휴무 Map → ②-D-2

다른 서점들 소개

AURORA 오로라

Spálená 53 메트로 B선 · 트램 나로드니트르지다Národní třída역 도보 1분
50.081852, 14.419119
222-362-756
월-금 08:30-18:30 토 10:00-16:00 일 휴무
Map → ②-D-2

PODZEMNÍ ANTIKVARIÁT 언더그라운드 헌책방

Hybernská 22 메트로 B선 · 트램 마사리코보 나드라지Masarykovo nádraží역 도보 1분
50.087169, 14.433461 222-222-226
월-금 09:00-19:00 토일 휴무
Map → ②-F-1

ANTIKVARIÁTU NERUDOVA 네루도바 헌책방

Nerudova 16 트램말로스트란스케 나므녜스티Malostranské náměstí역 도보 3분
50.088631, 14.400942 257-531-393
10:00-13:00 14:00-18:00
Map → ③-B-1

화가 막스 슈바빈스키Max Švabinský가 직접 그리고 서명한 것이지.

마지막은 토마스 마사릭의 흉상이야. 프라하성 앞에 토마스 마사릭 동상의 머리 부분이랑 같은 거야. 체코의 유명한 소설가이자 노벨 문학상 수상자 야로슬라프 세이페르트Jaroslav Seifert가 가지고 있던 것인데 내게 오게 되었어.

우리가 지금까지 많은 이야기도 나눴고 친해진 것 같은데 이쯤에서 자기소개 한번 해 주시죠.

내 이야기는 그다지 흥미로울 게 없는데…. (웃음) 나는 원래 슬로바키아 출신이고 프라하 경제 대학교에 입학하면서 프라하에 오게 되었어. 당시 학생 자치 라디오를 진행하면서 비밀경찰에 찍혀서 졸업 후 취직을 할 수 없게 되었지. 특별히 반공 활동을 한 건 아닌데 당시에 학생이 뭔가를 조직하고 자치 활동을 한다는 것 자체가 금지였거든. 그래서 결국 공사장 인부와 보일러공 일을 했어. 내가 아주 많은 다리를 지었지. (웃음)

세상에나. 프라하 경제 대학교는 초엘리트들만 가는 곳으로 유명하잖아요. 당신은 '보후밀 흐라발' 같은 삶을 살았네요. 막노동을 하는 지식인 말이에요.

당시에는 이런 사람이 많았어. 어쨌든 벨벳 혁명 이후 국영 출판사에 제대로 취직하게 되면서 경제 서적 부문 총지배인을 맡았지. 그리고 교육부 산하 출판사에 있었는데 당시 총리 바츨라프 클라우스와의 갈등 때문에 해고되었어. 그게 1995년 정도일 거야. 해고된 날 거리를 걷다가 우연히 이 서점의 주인을 만났고 내 사정을 설명하니 다른 일 때문에 운영이 어려웠던 그분이 이 서점을 맡아달라고 하더군. 그 이후로 다른 생각 안 하고 이 일을 하고 있어. 그나저나 흐라발을 아는구나. 한국에서 보후밀 흐라발의 인기가 많은가?

재작년에 한국 소설가들이 뽑은 최고의 소설에 흐라발의

《너무 시끄러운 고독》이 선정되었거든요.

그것참 기쁜 이야기구나, 대단한 작가지. 젊은 시절 나는 그의 엄청난 팬이었어. 그가 자주 가던 맥줏집에 가서 그를 만나기 위해 매일같이 기다렸지. 그리고 두 달 만에 그를 만났을 때 떨리는 맘을 부여잡고 말을 걸었어. "흐라발 씨, 잠시 옆에 앉아도 되겠습니까?" 그랬더니 그는 불같이 화를 내며 "저리 가, 이 멍청아" 하더라고. (웃음) 상처받아서 그 이후로 기다리지 않았어. 그리고 몇 년 후 플로렌츠 버스역에서 우연히 다시 그를 만났지. 사인을 받으려고 말을 걸었는데 그는 또 화를 내더라고. 여전히 그의 글은 참 좋아하지만 참 실망했어. (웃음)

지금까지 운영하면서 기억에 남는 손님이 있나요?

올샤라는 친구가 있었지. 아주 박학다식하고 예의 바른 사람이었는데, 그가 방문할 때마다 우리는 온갖 주제에 대해 토론했어. 그러던 어느 날 '한국에 대사로 가게 됐다'고 하더라고. 5~6년 정도 한국에서 대사로 있었어(야로슬라프 올샤는 2008~2014간 주한 체코 대사를 역임했다). 그리고 지금은 아마 마닐라에 있는 것으로 알고 있는데. 또 2년 전인가 윤아라는 한국 연예인이 우리 책방에서 뮤직 비디오를 찍었어(중국 가수 '이역봉'의 〈Please Contact Me〉 뮤직 비디오에 윤아가 출연해 이곳에서 촬영을 했다).

현재 주된 고객층은 누구인가요?

체코어로 된 책을 체코 밖에서 누가 읽을까 싶겠지만 의외로 해외에 큰 고객이 있고 특히 중국에서 수요가 많아. 마르크스 〈공산당 선언〉의 체코어 버전을 아주 비싼 값에 구해 간 중국인이 있었지. 또 90년대에 금서로 지정되었던 친소련 정치인의 수기집을 찾는 중국인들도 있어. 미국인들은 카프카 작품의 체코어 초판본을 구해달라고도 하고, 남미에서 온 사람들은 파블로 네루다의 소설의 체코 버전을 문의해. 모두 수집용으로 사 가는 거지. 관광객들은 주로 그림과 사진, 엽서를 사 가.

헌책방이 체코 사람들에게 갖는 의미는 무엇이고 헌책방의 미래는 어떻게 될까요?

1990년대 자유와 민주화에 대한 열망, 공산주의 바깥세상에 대한 사람들의 목마름을 해결해 준 것은 수많은 헌책방들이었어. 제2차 세계대전 당시 친 히틀러 기관지나 러시아에 뿌릴 전단이나 만들고, 전후에는 내내 국영이었던 당시 체코의 출판업계 수준은 그 수요를 다 충족시켜 줄 수 없었어.

앞으로 수많은 헌책방들이 사라질 거야. 그러나 헌책방은 단순히 책을 파는 공간만이 아니야. 여전히 고객들은 자신이 사는 물건에 대해 알고 싶어 하고 이야기를 나누고 싶어 하는데, 그러한 사람들이 모여서 이야기를 나누는 공간이 바로 헌책방이야. 그러니 경험이 많고 전문적인 헌책방, 혹은 사람들이 이야기를 나눌 수 있도록 카페와 결합된 헌책방들이 살아남을 거로 생각해. 사람들은 미래에도 '수집'을 멈추지 않을 거야. 그들은 인터넷에서 수집품을 살 수도 있지만 현장에서 직접 물품을 보고 그에 대한 이야기를 나누면서 사는 것을 훨씬 좋아하지. 그래서 미래에도 여전히 헌책방은 남아 있을 것이고, 나도 오래도록 살아남기 위해 최선을 다하고 있단다.

그곳에서는 시간이 고고하고 느리게 흐를 줄 알았다. 그런데 인터뷰를 하는 동안 사람들은 꾸준히 들어왔고, 그가 손님을 응대하느라 인터뷰는 자주 끊겼다. 서가를 뒤적이는 사람들의 손길은 분주했고, 그림을 팔러 온 젊은이와 서점 주인의 가격 흥정은 생각보다 치열했다.

사람들은 원하는 책을 찾으면 경쾌하고 잰걸음으로 갈 길을 재촉했다. 의외로 활기차고 평범한 모습이었다. 그 특별할 것 없는 '일상성'이 프라하의 수많은 헌책방을 지속시키는 저력일지 모른다는 생각이 들었다.

PRAHA
SPECIAL INTERVIEW

내 사랑 프라하

여행자와 현지인 그 사이 어디쯤
존재하는 프라하의 외국인 거주자들.
그들은 외지에서 왔기에 현지인들보다
명징하게 프라하의 진가를 알아보고
감탄할 줄 알면서도 현지인이 아는
프라하의 속살도 내밀하게 알고 있다.
프라하의 진정한 아름다움을
알려 주기에 제격인 사람들이 아닌가.

ⓒBaki

특별 인터뷰
Yoonsik Kim 김윤식 (대한민국)
체코 국립발레단 드미 솔리스트 · 포토그래퍼

**화려한 국립발레단 단원 생활을 접고
왜 프라하로 오게 되었나요?**
더 크고 다양한 세상을 보고 싶었어요. 앞으로 무용수로서의 수명을 길어 봤자 10년으로 보고 있는데 그 이후의 삶도 생각해 봐야 할 것 같았고, 익숙한 작품들에서 탈피해 더 다양한 작품들도 경험해 보고 싶었어요. 그래서 몇몇 해외 발레단 오디션을 봤는데 이곳으로 오게 된 거예요.

프라하는 어떤 도시인가요?
그냥 너무 아름답잖아요! 콩쿠르 때문에 다른 도시를 많이 다녀봤지만 프라하가 특별히 아름답고 좋아요. 한국에 있을 때 주위 사람들이 프라하에 가면 사진 찍기 좋을 거라고 해서 기대가 컸는데 기대 이상으로 정말 멋있고 예쁜 곳이에요.
프라하에 살면서 눈이 너무 즐거워요. 연습 끝나고 지쳐서 나올 때 프라하성이 보이면 힘든 게 싹 사라지는 것 같아요. 작년 가을에 단풍이 든 프라하는 '아 이렇게 아름다운 데가 세상에 또 있을까?' 싶을 정도였어요.

프라하에서 가장 좋아하는 곳은 어디예요?
국립 극장이요. 극장에 꼭대기 쪽에 관계자만 들어갈 수 있는 발코니가 있는데 석상들 사이로 보이는 프라하 성이 너무 아름다워요. 그리고 극장 내부도 좋고요. 객석, 천장… 이 모든 게 발레 공연의 클래식 음악과, 의상, 고전적인 분위기와 너무 잘 어울려요. 인사를 하러 나가서 무대에서 객석을 바라볼 때도 여전히 너무 설레요.
그리고 비셰흐라드요. 풍경도 아름답지만 위인들이 모여 있는 묘지의 기운이 엄숙하고 묘하더라고요.

한국 여행자들이 프라하에서 무얼 꼭 해보면 좋을까요?
발레 보러 오세요! (웃음) 그리고 새벽에 프라하성을 올라가 보세요. 차가운 듯하면서 상쾌한 새벽 공기를 마시면서 안개가 살짝 낀 한적한 프라하성을 볼 수 있어요. 이른 시간임에도 불구하고 경찰들이 있어서 새벽에 다니기에도 안전합니다.

**'포토그래퍼 김윤식'의 시선으로 바라본 프라하가 궁금한데
인스타그램(yoon6photo)에 아직 프라하 사진이 별로 없어요.**
제가 2017년 여름에 온 이후, 현지에 적응하고 발레에 집중하는 게 우선이어서 사진 작업에 매진할 시간이 별로 없었어요. 오가면서 구도도 많이 보아 놓았으니 곧 날씨가 좋아지면 많이 찍을 거예요.

프라하에 대해 말한다!

Q1. 프라하는 어떤 도시?
Q2. 프라하에서 가장 좋아하는 곳은?

MARI SCHINDELE 마리 쉰들(미국), 주부

A1. 프라하는 아름다운 건축물들로 가득한 곳이에요. 길거리를 다닐 때 고개를 들어 건물의 화려한 장식들을 감상해 보시길 바랍니다. 또 체코인들이 쌀쌀맞고 불친절하다고 하지만, 그들은 자신과 다른 삶을 인정할 줄 아는 열린 자세를 가지고 있어서 다른 사람이 무엇을 하든 쉽게 화를 내지 않아요. 프라하도 알고 보면 따뜻한 사람들로 가득한 곳이랍니다.
A2. 디보카 샤르카요. 시원한 바람이 솔솔 부는 골짜기를 따라 가벼운 하이킹을 한 후 비어 가든에서 맥주 한잔할 수 있죠. 또 주말에는 자연을 즐기고 가족과 즐거운 시간을 보내는 현지인들을 만날 수 있어요. 관광객은 하나도 없을걸!

FELIPE SCHUBERT 펠리페 슈베르트(브라질), 회사원·DJ

A1. 재즈바, 살사 클럽, 발레 공연, 록 공연 등등 대중적인 이벤트부터 얼터너티브한 이벤트까지 참 놀 거리가 많은 곳이에요. 또한, 역사가 깃든 빌딩들이 프라하를 아름답게 하고요.
A2. 리에그로비 공원이요. 친구들과 한가한 시간을 보내면서 프라하의 아름다운 풍경을 바라볼 수 있는 곳이에요. 여름밤에는 잔디밭에 누워서 별도 볼 수 있어요.

DALIA EL-HADIDY 달리아 엘-하디디(이집트), 주부

A1. 한 나라의 수도임에도 불구하고 여유롭고 아늑하며 치안이 좋은 곳이에요. 물가도 비싸지 않고요. 현대와 고전의 아름다움이 서로 조화를 이루고 있고 곳곳에 널린 숲과 호수처럼 자연 풍경 또한 인상적인 도시입니다.
A2. 페트르진 언덕이요. 모든 가족 구성원이 좋아할 만한 요소를 고루 갖추고 있어요. 아이들은 푸니쿨라를 타거나 타워 옆 거울 미로에서 노는 것을 무척 좋아하지요. 여름날 페트르진 타워에서 내려다보는 프라하는 정말 환상적이에요.

GEERT BEERENS 헤르트 비어런스(네덜란드), 회사원

A1. 아름답고 쿨하면서도 물가가 합리적인 도시이지요. 또 오래된 건물들을 바라보며 걸으면 한때 평화롭고 영광스럽고 아름다웠을 옛 유럽의 분위기를 느낄 수 있어요. 프라하는 늘 유쾌하고 놀라운 곳이에요. 힙스터 분위기를 과하게 풍기지 않아 사람들을 주눅 들게 하지도 않고요.
A2. 비셰흐라드가 단연코 최고예요. 그러나 진정한 프라하의 활기를 느껴보고 싶다면 관광지 밖으로 나가야 합니다. 레트나와 홀레쇼비체의 구질구질하고 별난 카페를 찾아 들어가세요. 지즈코프에서 맥주를 마시며 정돈되지 않은 거친 프라하의 풍경도 느껴 보세요.

竹村 浩子 타케무라 히로코(일본), 피아니스트

A1. 프라하는 서양 음악사에서 빼놓을 수 없는 유명한 작곡가와 음악가를 많이 배출했고 아직도 음악적 전통이 살아 있는 곳이지요. 게다가 지금 빠르게 발전하고 있는 곳이라 프라하 사람들은 몇 년 전보다 더 친절하고 활기차고 행복해 보여요.
A2. 국립 극장과 루돌피눔이요. 옛 모습이 그대로 보존되어 있어 과거에 유명한 음악가들이 이곳에 섰을 모습을 쉽게 상상할 수 있어요. 한국 사람들도 이곳에서 클래식 콘서트나 오페라를 즐기는 기회를 얻기를 바랍니다.

LINO GALVEIAS 리노 갈베이아스(포르투갈), 회사원

A1. 활기차면서도 동시에 평화로운 곳이에요. 대중교통을 이용하기에 편리하고 다양한 문화 이벤트가 항상 펼쳐집니다. 또 수많은 역사적 장소와 아름다운 산책로를 가지고 있는 도시에요. 프라하는 치안도 안전하고 일과 가정을 쉽게 양립할 수 있게 하는 사회적 분위기가 형성되어 있어 가정을 꾸리기에도 좋은 곳이에요.
A2. 저는 블타바강 근처라면 어디든 좋아요. 보트를 타고 물 위에서 프라하를 바라보는 경험도 추천합니다. 그리고 관광객이 바글대는 시내 중심부를 벗어나 목적 없이 돌아다니는 것도 좋아해요. 프라하의 진짜 매력은 그곳에 있거든요. 그러니 제발, 잘 알려지지 않은 곳에서 길을 잃은 채 무작정 걸어보는 경험을 꼭 해 보세요!

SPOTS TO GO TO

현재 프라하는 하루가 다르게 변하는, 생각보다 역동적인 곳이다.
더는 '로맨틱한 중세 도시'에만 머무르기를 거부하는
프라하의 다양한 모습을 소개한다.

PRAHA
LOCAL PLACES

유명한 박물관도 성당도 좋지만, 때로는 지구 저편에 사는 이의 사소한 말과 눈빛이
더욱 짙은 여운을 남긴다. 이제 프라작들 사이로 한 걸음 다가가 보자.
당신이 그동안 보지 못했던 풍경, 그들이 사는 그대로의 프라하.

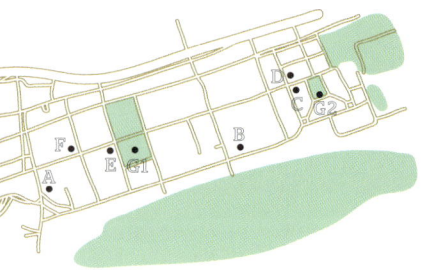

Karlín 카를린

수많은 공업 단지가 모여 있었고 공장 노동자들이 거주하던 곳. 2002년 대홍수 때 범람한 블타바강에 모든 것이 쓸려가 버린 이후 지금은 번듯한 사무 단지, 트렌디한 비스트로와 카페들이 곳곳에 숨어 있는 지역으로 변신했다. 조야한 그라피티와 우두커니 서 있는 공장 굴뚝만이 카를린의 과거를 말해 준다.

A KASÁRNA KARLÍN
카를린 병영

프라하 방위군의 병영, 나치의 사무실, 반소련 라디오 방송 기지로 쓰인 파란만장한 건물이 프라하 시민들이 사랑하는 쉼터가 되었다. 연병장이었을 공간에 작은 바와 테이블이 놓여 있고, 밤에는 영화가 상영되거나 날이 좋은 주말에는 무료 요가 클래스도 열리는 그야말로 다목적 문화센터. 겨울에는 아이스링크가 설치된다.

🚌 Prvního pluku 2 버스
페르네로바Pernerova역
📍 50.090045, 14.443618
☎ 735-260-397
🕐 하절기 월-금 13:00-23:30
토일 10:00-23:30,
동절기 월-금 13:00-21:00
토일 10:00-21:00
🍺 필스너 우르켈 Kč45
에스프레소 Kč35
Map → ⑥-D-4

B ESKA
에스카

미슐랭 빕 구르망Bib Gourmant으로 선정된 카를린의 대표 맛집. 메뉴판을 읽는 것만으로는 그 모양과 맛을 절대 상상할 수 없는 창의적인 요리가 특징이며 모든 음식의 맛과 담음새가 범상치 않다. 깔끔하면서도 인더스트리얼한 분위기를 동시에 풍기는 건물은 오스트리아-헝가리 제국 시절부터 있었던 보일러 공장을 개조한 곳. 앤티크 마켓과 체코 디자이너의 식기들 또한 감각적이다.

📍 Pernerova 49 메트로 B선 크르지지코바Křižíkova역 도보 5분
📍 50.092090, 14.454588 ☎ 731-140-884
🕐 월-금 08:00-23:30 토일 09:00-23:30
🍽 런치메뉴 100-480Kč 디너메뉴 160-650Kč[메뉴 수시 변동]
Map → ⑥-D-3

PRAHA
LOCAL PLACES

C LOFT CAFÉ KARLIN
로프트 카페 카를린

내 집처럼 편안하면서도 동시에 카를린 사람들의 사랑방 역할을 하는 복층 카페. 벽돌과 복고풍의 인테리어가 주는 다락방 같은 아늑함에 편하게 앉아 수다를 떨거나 일을 하기에도 좋아 이래저래 자주 찾게 되는 곳.

 Křižíkova 68 메트로 B선 크르지코바 Křižíkova역 도보 6분
50.093646, 14.456778 ☎ 722-580-888
⏰ 월-금 08:30-20:00 토일 10:00-18:00
에스프레소 Kč45 토스트 Kč110
Map → ⑥-D-3

D TEA MOUNTAIN
티 마운틴

맑은 차 한 모금 넘기면서 진정한 힐링의 시간을 즐겨 보자. 이 찻집의 운영자들은 새로운 다도 문화와 차를 발굴하기 위해 전 세계를 여행하는 진정한 차 마니아들이며, 청정 산지에서 엄선한 차만 들여온다는 원칙을 고수한다. 은은한 조명과 고급스러운 원목 가구가 돋보이는 젠 스타일의 실내에 앉아 있는 것만으로도 벌써 마음이 차분해지는 느낌이다.

Křižíkova 115 트램 우륵소바Urxova역 도보 3분   50.093951, 14.456856
☎ 604-386-963 ⏰ 11:00-20:00 쿠밍 보이차 Kč150(메뉴 수시 변동) Map → ⑥-D-3

E NEJEN BISTRO
네이엔 비스트로

길모퉁이에 소박하게 자리 잡고 있어 눈에 띄지는 않지만 절대 놓쳐서는 안 된다. 고급 레스토랑에서 주로 쓰이는 조스퍼 오븐으로 만들어진 요리들이 이곳의 메인. 그러나 내부 분위기는 편안하고 캐주얼하며 가격도 적당하다. 모든 요리가 훌륭하지만 모차렐라보다 더 크림 같은 부라타 치즈, 담백한 맛을 가진 타자스카 올리브와 무화과가 들어간 샐러드는 강력 추천.

Křižíkova 24 메트로 B선 크르지코바Křižíkova역 도보 3분
50.091501, 14.447011
☎ 721-249-494 ⏰ 11:00-23:00
부라타 치즈 샐러드 Kč285 Map → ⑥-D-4

F PARLOR
파를로

8가지 쿠키와 프라하의 유명 아이스크림 집 '크림 데 라 크림'에서 공수하는 12종류의 아이스크림으로 원하는 맛을 조합해 나만의 아이스크림 샌드위치를 만들 수 있다. 수많은 화분이 걸린 높은 천정은 쾌적함을, 붉은 양탄자와 안락의자는 한겨울에도 아이스크림을 즐길 수 있는 따뜻함을 선사한다. 아침 식사 가능.

Křižíkova 37 메트로 B선 크르지코바Křižíkova역 도보 7분, 버스 페르네로바Pernerova역 도보 3분
50.091285, 14.444786
☎ 724-518-080 ⏰ 일-화 09:00-20:00 수-토 09:00-22:00
1단 아이스크림 샌드위치 Kč59
Map → ⑥-D-4

G KOSTEL SV. CYRILA A METODĚJE, ZÁKLADNÍ ŠKOLA LYČKOVO NÁMĚSTÍ
성 시릴과 메토디우스 성당, 리츠코보 광장 초등학교

여름이 되면 성당 앞 카를린 광장에서는 각종 축제와 주말 파머스 마켓이 열린다. 리츠코보 광장 뒤에 서 있는 아름다운 아르누보 양식의 건물은 초등학교. 무슨 초등학교가 이렇게 생겼냐고 놀랄 필요 없다. 프라하의 흔한 학교 건물이랄까. 프라하에서는 당신이 지나치는 예쁜 건물들이 어린이집이거나 학교일 수 있다.

성 시릴과 메토디우스 성당
Karlínské náměstí 트램 카를린스케 나므예스티 Karlínské náměstí역
50.091382, 14.448069
성당 08:00-20:00 개방
Map → ⑥-D-4

리츠코보 광장 초등학교
Lyčkovo náměstí 트램 우륵소바Urxova역 도보 4분
50.093238, 14.458476
Map → ⑥-D-2

NÁRODNÍ GALERIE V PRAZE(VELETRŽNÍ PALÁC)
프라하 국립 미술관(무역 박람회 궁)

6개의 프라하 국립 미술관 중의 하나로, 1928년 프라하에서 열린 무역 박람회를 위해 지어졌다. 가운데가 탁 트여 모든 층을 한눈에 바라볼 수 있게 한 내부 설계가 인상적이다. 인상파, 큐비즘 등 서양 현대 미술사의 주요 흐름을 충실히 따르면서도 고유한 독자성을 띤 체코의 근현대 미술을 만나볼 수 있다. 1층의 '카페 에드나'는 높다란 천정과 세련되고 미니멀한 인테리어가 돋보인다.

ⓐ Dukelských Hrdinů 47 메트로 C선 블타브스카 Vltavská역 도보 10분, 트램 벨레트르즈니 팔라츠 Veletržní palác역 도보 1분
ⓖ 50.101466, 14.432731
☎ 224-301-122
ⓒ 화-일 10:00-18:00 월 휴무
₩ 성인 Kč220, 학생 및 미성년자 Kč120
Map … ⑦-B-1

Letná, Holešovice
레트나, 홀레쇼비체

프라하를 좌우로 가로지르는 블타바강의 위편, 레트나와 홀레쇼비체가 나란히 자리한다. 한때는 공장과 물류창고, 축산시장이 살풍경한 분위기를 자아냈지만 현재 갤러리, 공연장, 카페 등이 들어서면서 개성 있는 프라하의 표정을 만들어 내는 중. 해외의 여행 관련 매체에서는 이미 '유럽의 떠오르는 쿨한 지역'으로 각광받고 있다.

PRAHA
LOCAL PLACES

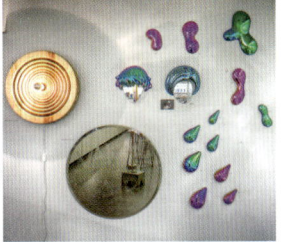

📍 Poupětova 1 트램 오르테노보 나므녜스티 Ortenovo náměstí역 도보 4분
☎ 50.106832, 14.447124 ☎ 295-568-123
🕐 월토일 10:00-18:00 수금 11:00-19:00
목 11:00-21:00 화 휴무
💰 성인 Kč180, 학생 Kč90, 7-15세 Kč60
Map → ⑦-C-1

DOX CENTER
DOX 센터

거대한 공장 터를 활용해 현대 미술관을 만들었다. 컬렉션은 날카로운 저항 정신과 위트로 똘똘 뭉쳐 관람객을 자극하고 깨우며 많은 사람들이 프라하에서 가장 인상 깊은 미술관으로 이곳을 꼽는 데 주저함이 없다. 건물들 사이에 불시착한 듯 걸려 있는 42m 길이의 거대한 나무 비행선 '걸리버'와 걸리버를 올려다볼 수 있는 2층 카페는 꼭 들르자.

JATKA78
야트카 78

프라하 시장 단지에 과거의 도살장을 개조해 만든 서커스 전용 공연장. 컨템포러리 서커스단 '씨르크 라 푸티카Cirk La Putyka'의 주 공연장으로, 서커스를 위주로 한 실험적이고 대안적인 공연들이 상연된다. 영어 홈페이지도 잘 갖춰져 있어 쉽게 프로그램을 확인하고 예약할 수 있다. 공연을 보지 않더라도 바에서 간단한 식사를 하면서 허름하면서도 예술적인 분위기를 만끽해 보자.

📍 Bubenské nábřeží 13 '프라하 시장' 내 7·8번 홀 트램 투사로바Tusarova역 프라즈스카 트르즈니체Pražská tržnice역 도보 5분
☎ 50.100197, 14.446593 ☎ 773-217-127
🕐 월-토 10:00-24:00 일 08:00-24:00
Map → ⑦-C-1

029

BIO OKO
비오 오코

경험상 유럽의 소규모 영화관 주변은 분위기가 좋다. 로컬 시네필들이 주변 카페와 펍에 둘러앉아 흐느적거리고 있는 분위기가 나른하고도 따뜻하다. 영화관 비오 오코도 내부에 바가 있어 영화를 보지 않더라도 맥주 한잔하면서 시간을 때우기에 딱 좋다. 관객이 몰려 테이블을 못 잡아도 걱정할 필요 없다. 계단에 꽤나 푹신한 방석이 하나씩 놓여 있으니.

⊕ Františka Křížka 15 트램 카메니츠카 Kamenická역 도보 2분, 벨레트르즈니 팔라츠Veletržní palác역 도보 6분
⊚ 50.100005, 14.430084 ☎ 233-382-606
⊙ 월수금 10:00-01:00 화목 09:30-01:00 토일 09:00-01:00 ⊚ 생맥주 라거(小) Kč32
Map → ⑦-B-1

MR. HOTDOG
미스터 핫도그

홀레쇼비체 지역에서 미스터 핫도그를 그냥 지나칠 순 없다. 유명 정육점에서 공수하는 소시지, 고기와 콩이 듬뿍 들어간 칠리소스, 부드러운 빵에 꽉 채운 속까지 그야말로 길거리 음식으로 천대받는 핫도그의 화려한 변신이다. 핫도그뿐 아니라 슬라이더(미니 버거)도 프라하에서 가장 맛있는 버거에 항상 이름을 올리고 감자튀김마저 적당한 두께로 바삭하게 튀겨진다.

⊕ Kamenická 24 트램 카메니츠카 Kamenická역 도보 2분
⊚ 50.099496, 14.427782
☎ 732-732-404 ⊙ 11:30-22:00
⊚ 코니 아일랜드 핫도그 Kč125
Map → ⑦-B-1

BAR COBRA
코브라 바

낮에는 반려견을 데리고 온 홈 오피스 족이나 비즈니스 미팅을 하는 사람들로 가득 찬 카페이고, 저녁에는 스웨그 넘치는 선남선녀가 가득한 라운지 바가 되는 야누스적인 공간이다. 확실한 것은 낮에도 밤에도 활기가 넘치는 레트나 최고의 힙스터 플레이스라는 것. 검은 차양이 드리워진 외관에는 가게 이름조차 쓰여 있지 않다. 이름 따위 중요하지 않으니 그저 이곳의 에너지를 느끼면서 편한 시간을 보내면 된다는 뜻일 게다.

⊕ Milady Horákové 8 트램 스트로스마예로보 나므녜스티Strossmayerovo náměstí역 도보 2분
⊚ 50.099217, 14.432373
☎ 778-470-515
⊙ 월-금 08:00-02:00 토 10:00-02:00 일 10:00-24:00 ⊚ 에스프레소 Kč45
Map → ⑦-B-1

PRAHA
LOCAL PLACES

Tripful

SPOTS TO GO TO

PHILL'S TWENTY7
필스 트웬티세븐

여행지의 로컬 음식과 여행에서 얻은 영감을 신선한 재료와 정직한 레시피로 풀어낸 작은 비스트로이다. 3~4개월 주기로 바뀌는 메뉴는 멕시코식 아침 식사, 체코식 미트로프 샐러드, 태국식 볶음 요리를 포함한다. 이국의 감성을 익숙한 음식에 녹여 넣어 얻은 결과물이 항상 만족스러운 것은 아니지만 그 신선한 시도에 기특해하며 자꾸 찾게 되는 곳.

⌂ Přístavní 27 트램 Dělnická역 도보 2분 ✆ 50.104354, 14.451236
☎ 605-444-528 ⏰ 월-금 08:30-22:00 토일 10:00-22:00
₩ 우에보스 란체로스 Kč119   Map → ⑦ - C - 1

시간이 있다면 여기도!
필스 코너 PHILL'S CORNER
필스 트웬티세븐과 자매인 모퉁이 카페. 하루 중 어느 때 방문하든지 당신의 출출함을 달래 줄 건강한 음식들을 찾을 수 있다. 유기농 식자재를 구매할 수 있는 푸드 숍 코너도 필스 코너에 들려야 할 또 다른 이유.

⌂ Komunardů 32 트램 Dělnická역 도보 1분
✆ 50.103998, 14.450149
☎ 731-836-988
⏰ 월-금 07:30-22:00 일 09:00-18:00 토 휴무
Map → ⑦ - C - 1

KUZMARKT
쿠즈마르크트

'레트로는 영원하다'라는 모토 아래 1900~1980년대의 물품이 손바닥만 한 쇼룸에 차곡차곡 정리되어 있다. 여기 있는 소품들만 가지고도 유럽판 '응답하라' 시리즈를 찍을 수 있겠다는 생각이 들 정도. 왜 레트로 스타일이 좋으냐는 물음에 주인은 "예쁘잖아."라고 답했다. 둘러보다 보면 어딘가 모자라 보이지만 알록달록하고, 펑키하고, 도발적이기도 한 복고풍의 물건들이 점점 갖고 싶어질 것이다. 그렇다, 레트로는 예쁘고 또 영원하다.

⌂ Františka Křížka 26 카메니츠카 Kamenická역 도보 2분
벨레트르즈니 팔라츠 Veletržní palác역 도보 6분
✆ 50.100020, 14.430546
⏰ 월 16:00-19:00 수-금 15:00-19:00 화토일 휴무
Map → ⑦ - B - 1

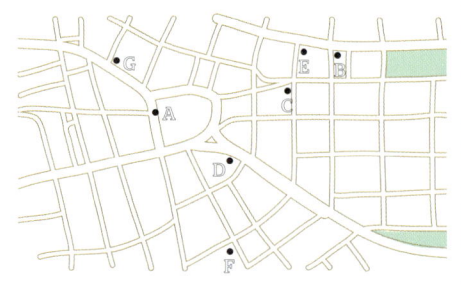

Vinohrady
비노흐라디

중세 시대부터 왕실 소속 포도 밭이었던 곳이 프라하에 사는 외국인들과 젊은층들이 선호하는 주거 구역이 되었다. 19세기 말, 20세기 초의 아름다운 주택과 현지인들이 사랑하는 맛집이 밀집해 있는 곳. 로컬과 인터내셔널한 매력이 공존하는 비노흐라디에서 여행지의 평범한 하루를 엿보자.

A NÁMĚSTÍ MÍRU
미루 광장

성 루드밀라 성당Kostel sv. Ludmily의 고운 자태가 눈길을 끈다. 이곳은 교통의 요지이자 만남의 광장. 여름에는 사람들이 푸르른 녹음을 즐기며 벤치에 앉아 아이스크림을 먹고 겨울이 되면 아담한 크리스마스 장터가 들어서는, 어딘가 로맨틱한 분위기가 흐르는 비노흐라디의 중심지.

Náměstí Míru 메트로 A선 · 트램 나므네스티 미루Náměstí Míru역
 50.075396, 14.436210 성루드밀라 성당은 월-토 16:30
일 09:00 · 11:00 · 16:30 미사 시간 이후 30분간 개방 Map → ⑧-A-3

NEARBY
성 루드밀라 성당 바로 옆에는 소녀가 비둘기를 날려 보내는 모습의 작은 동상 '평화의 알레고리'가 서 있다. 이 동상이 서 있는 자리는 제2차 세계대전 이후 일부 소련군의 시체를 매장한 곳이다.

PLUS INFO
성 루드밀라 Sv. Ludmila(860~921)는 누구?

체코의 수호성인 성 바츨라프의 할머니이자 체코 그리스도교 역사의 첫 순교자. 보헤미아에 가톨릭을 보급하는 데 힘썼으며 이교도였던 며느리 드미호미라의 세력을 견제하면서 장손 성 바츨라프를 가톨릭으로 길렀고 결국 보헤미아의 왕으로 세웠다. 드미호미라에 의해 암살당하고 순교자로 정식 인정되었다.

B VINOHRADSKÝ PAVILON
비노흐라드스키 파빌리온

1902년 오픈한 비노흐라디의 시장. 지금은 고급 디자이너 가구와 인테리어 쇼룸이 들어섰다. 철골이 그대로 노출된 높은 천장과 따뜻한 우드가 조화를 이루는 인테리어, 커다란 창에서 들어오는 자연광이 아름다워 시간이 여유롭다면 한번 들를 만하다.

 Vinohradská 50 트램 비노흐라드스카 트르즈니체역 Vinohradská tržnice역 50.076754, 14.442337 ☎ 286-017-710
월-금 10:00-19:30 토 10:00-18:00 일 휴무
Map → ⑧-B-3

PRAHA
LOCAL PLACES

C MEZI SRNKY
메지 스른키

도서관을 연상시키는 기다란 원목 테이블, 시원하게 오픈된 에스프레소 바, 화분이 옹기종기 앉아 있는 선반, 로즈메리 한 줄기가 담긴 물병, 테이블 위 작은 조약돌이 소박하고도 아늑한 분위기를 선사한다. 나만 알고 싶은 비노흐라디 최고의 동네 카페.

ⓐ Sazavska 19 메트로 A선·트램 나므녜스티 미루Náměstí Míru역 도보 5분
ⓟ 50.075854, 14.440433 ☎ 732-238-833
ⓣ 월-금 07:30-18:00 토일 09:00-16:00
ⓢ 팬케이크 Kč150
Map → ⑧-B-3

E LA BOHÈME CAFÉ
라 보헴 카페

현지인에게도 여행자에게도 인기 만점. 고풍스러운 응접실이나 서재에 앉아 있는 듯한 아름다운 인테리어, 그리고 끝내주는 커피. 그 이상 무엇이 더 필요한가. 다양한 커피 산지에서 공수한 고퀄리티의 원두를 고루 갖추고 있으며, 에스프레소부터 다양한 기구로 내린 필터 커피까지 하나같이 제대로다.

ⓐ Sázavská 32 트램 비노흐라드스카트르즈니체 Vinohradská tržnice역 도보 3분 ⓟ 50.076776, 14.440857
☎ 734-207-049 ⓣ 월-금 08:00-20:00 토일 10:00-20:00
ⓢ V60 핸드드립 커피 Kč80 Map → ⑧-B-3

D KUNGFU PURE CHINESE PASTA
쿵푸 중국 면 요리

프라하에 흔하지 않은, 중국인들이 직접 운영하는 중식당이다. 만두와 면 요리, 간단한 수프만 판매한다. 작고 허름하다고 얕보지 말자. 프라하에 사는 중국인 유학생에게 사랑받는 곳이며, 일본인들도 주문해 갈 정도로 이곳 만두의 맛은 훌륭하다. 가격 또한 저렴해 기름진 체코 음식에 질려 아시아 음식이 그리울 때 부담 없이 향할 수 있다. 현금만 받는다는 것이 유일한 단점.

ⓐ Rumunská 17 메트로 C선·트램 이페파블로바 I. P. Pavlova역 도보 3분
ⓟ 50.074059, 14.431957 ☎ 773-576-800
ⓣ 월-토 09:00-11:00 일 휴무
ⓢ 돼지고기와 배추가 들어간 교자 10개 Kč130
우육탕면 Kč170 Map → ⑧-A-3

G SWEET & PEPPER DAYS
스위트 앤 페퍼 데이즈

귀엽고 아늑한 인테리어 덕분에 한 번 들어가 앉으면 나오기가 싫어지는 카페 겸 비스트로. 이곳의 특이한 점은 멕시칸, 이탈리안, 프렌치 등으로 3주마다 메뉴의 콘셉트가 바뀐다는 것. 메인 셰프인 베로니카의 가족들이 직접 요리하고 경영하는 곳이라 모든 음식을 '내 가족이 먹는다'는 생각으로 요리한다고 하니 믿고 먹어도 좋다.

ⓐ Anglická 19 메트로 A선·트램 나므녜스티 미루 Náměstí Míru역 도보 6분
ⓟ 50.076776, 14.433921 ☎ 773-240-535
ⓣ 토목 09:00-22:00 금 09:00-01:00
ⓢ 서양배가 들어간 소프트 블루 치즈 파스타 Kč169
Map → ⑧-A-3

F KAVÁRNA ZANZIBAR
카페 잔지바르

프레디 머큐리의 고향이자 아프리카, 이슬람, 유럽의 문화가 혼합된 탄자니아의 낙원 같은 섬 '잔지바르'의 이름을 땄다. 그래서인가 그림이 걸린 청록색의 벽은 파리의 카페 같기도 하고 이곳을 찾는 많은 프라하의 영국인들 덕분에 런던의 오래된 비스트로 느낌도 난다. 다양한 색깔이 뒤섞인 섬 같은 공간이라는 점에서, 이곳에 앉아 맛있는 음식을 즐기고 앉아 있자면 낙원이 따로 없다는 점에서 잔지바르와 닮았다.

ⓐ Americká 15 메트로 A선·트램 나므녜스티 미루 Náměstí Míru역 도보 6분
ⓟ 50.072186, 14.438248 ☎ 222-520-315
ⓣ 월-목 08:00-23:00 금 08:00-24:00 토 10:00-24:00 일 10:00-23:00
ⓢ 오늘의 메뉴 Kč150 Map → ⑧-B-4

Žižkov
지즈코프

공산주의와 반나치 레지스탕스의 근거지였던 지즈코프의 결은 거칠었고, 이런 반항적인 이미지에 매료되어 한때 많은 예술가들이 이곳에 터전을 잡기도 했다. 현재는 그저 조금 누추한 주거 지역이지만 값싼 식당과 카페, 바 등이 들어서 있어 젊고 주머니 가벼운 여행자들의 해방구가 되어 준다.

KOSTEL NEJSVĚTĚJŠÍHO SRDCE PÁNĚ
성심 성당

'죽기 전에 꼭 봐야 하는 건축물'로 꼽기기도 하는 체코의 대표적인 현대 건축물로 요지프 플레츠닉이 1932년에 지었다. 노아의 방주에서 영감을 얻었다는 독창적인 외관, 42m나 되는 큰 탑과 지름 7.6m의 유리 시계가 특징. 체코 정부는 유네스코 문화유산으로 등재되기를 기대하고 있다.

◎ Náměstí Jiřího z Poděbrad 메트로 A선 · 트램 이르지호 즈 포데브라드Jiřího z Poděbrad역
◉ 50.078007, 14.450546 ☎ 222-727-713
◷ 미사시간(월-토 08:00 · 18:00 일 11:00 · 18:00) 이전 40분, 이후 30분만 공개
Map → ⑥-F-3

ŽIŽKOVSKÁ TELEVIZNÍ VĚŽ
지즈코프 TV 타워

지즈코프 재정비 계획의 일환으로 공산당 정부가 야심 차게 지은 이 TV 송신탑은 2009년 '세계에서 가장 못생긴 건축물' 2위에 올랐고, 프라하 사람들에게는 애증의 대상이다. 총 높이는 216m. 탑의 외벽에는 체코 현대 미술가 데이비드 체르니의 작품 〈아기들〉의 복제품을 설치해 마치 아기들이 탑을 오르는 듯한 모습을 연출했다. 93m 높이에서 프라하의 파노라마 뷰를 바라볼 수 있는 전망대와 라운지 레스토랑, 원룸 호텔이 있다. 색다른 프라하의 전경을 보고 싶다면 한 번쯤 올라가 볼 만하다.

◎ Mahlerovy sady 1 메트로 A선 · 트램 이르지호 즈 포데브라드Jiřího z Poděbrad역 도보 10분
◉ 50.081043, 14.451151 ☎ 210-320-081 전망대 09:00-24:00
₩ 성인 Kč250, 학생 Kč180, 3-14세 Kč160, 3세이하 어린이 무료
Map → ⑥-F-3

PRAHA
LOCAL PLACES

OLŠANSKÉ HŘBITOVY, NOVÝ ŽIDOVSKÝ HŘBITOV
올샤니 묘지와 신 유대인 묘지

카프카의 묘

체코의 필봉들이 잠든 거대한 공동묘지 두 개가 대로 하나를 두고 마주하고 있다. 올샤니 묘지는 프라하에서 가장 큰 공동묘지로 이끼가 잔뜩 덮인 19세기의 무덤부터, 불과 몇 달 전에 죽은 이의 무덤까지 이곳에 모여 있다. 신 유대인 묘지에 있는 프란츠 카프카의 묘에는 팬들의 헌화가 끊이지 않는다.

"보헤미아의 공동묘지는 정원과 비슷하다. 무덤은 잔디와 생생한 꽃들에 덮여 있고, 초라한 비석들은 짙푸른 나뭇잎 속에 숨어 있다. 삶이 잔인했기에 공동묘지에는 항상 평화가 감돈다."
밀란 쿤데라의 《참을 수 없는 존재의 가벼움》 중

올샤니 묘지
📍 Vinohradská 153 메트로 A선 · 플로라 Flora역 도보 5분, 트램 올샨스케 흐르지비토비Olšanské hřbitovy역
📞 50.078472, 14.4671953 ☎ 267-310-652
🕐 1-2월 · 11-12월 08:00-17:00, 3-4월 · 10월 08:00-18:00, 5-9월 09:00-19:00
Map → ⑥-F-1

신 유대인 묘지
📍 Izraelská 1 메트로 A선 · 트램 젤리브스케호 Želivského역 도보 4분
📞 50.079380, 14.473299
☎ 226-235-248
🕐 11-3월 일-목 09:00-16:00 금 09:00-14:00 토 휴무, 4-10월 일-목 09:00-17:00 금 09:00-14:00 토 휴무
Map → ⑥-F-1

ŽIŽKAVÁRNA
지즈카바르나

오픈 키친, 친절한 직원, 간단하고 무난한 음식들. 유모차를 미는 엄마가 커피를 사가고, 개와 함께 들어온 커플이 브런치를 먹고, 누군가는 맥주 한잔하며 드로잉 연습을 하고 있는 곳. 평범한 듯하면서도 순하고 명랑한 이 동네 카페에는 오래도록 앉아 있어도 그저 좋다.

📍 Kubelíkova 17 트램 후시네츠카Husinecká역 도보 8분 📞 50.081923, 14.447667
☎ 602-398-898 🕐 월-금 07:00-21:00, 토일 08:30-21:00 ☕ 카페라떼 Kč58 Map → ⑥-F-4

CAFÉ PAVLAČ
카페 파블라츠

중앙에 8자형 바가 있는 현대인 실내와 다정한 정원을 모두 가졌다. 밤이 되면 지하 홀에서 재즈 공연, 댄스파티, 콘서트와 같은 다양한 행사가 매주 벌어진다. 소규모 양조장 '포우트닉Poutnik'의 맥주를 판매하는데, 비열처리 한 라거의 부드러우면서도 상쾌한 맛을 느껴볼 수 있다.

📍 Víta Nejedlého 23 트램 후시네츠카Husinecká역 도보 4분
📞 50.084242, 14.448760 ☎ 222-721-731
🕐 월-금 10:00-23:00 토일 11:00-23:00
🍽 오늘의 메뉴 Kč130
Map → ⑥-E-4

ANTONÍNOVO PEKAŘSTVÍ
안토니노보 베이커리

프라하 사람들이 최고로 꼽는 베이커리. 정직하고 신선한 재료를 사용하여 체코인들이 일상적으로 먹는 롤릭, 콜라취, 부흐티, 체코식 곡물 빵 등을 직접 반죽하고 굽는 곳이다. 아침에는 식사하거나 빵을 사 가는 사람들도 발 디딜 틈 없이 북적댄다. 제대로 된 체코 페이스트리를 먹어 보고 싶다면 바로 여기.

📍 Laubova 4 메트로 A선 · 트램 이르지호 즈 포데브라드Jiřího z Poděbrad역 도보 4분
📞 50.078919, 14.450412 ☎ 605-202-861
🕐 07:30-19:30 🥐 롤릭 Kč8 콜라취 Kč25
Map → ⑥-F-3

SKOBA
스코바

버려진 천, 신문, 광고 전단 등을 재활용해 세상에서 하나뿐에 없는 고유한 디자인의 노트를 만들어 준다. 섬세하고 야무지게 마무리한 솜씨 덕분에 '버려진 종이로 만들어진 것이 맞나?' 하는 생각마저 든다. 디자인은 예쁘고, 가격은 착하고, 환경을 위한 착한 소비를 했다는 뿌듯함까지 느낄 수 있다니 이게 바로 '업사이클링의 정석'이다.

📍 Ševčíkova 4 메트로 A선 · 트램 이르지호 즈 포데브라드Jiřího z Poděbrad역 도보 7분, 트램 후시네츠카Husinecká역 도보 10분
📞 50.081009, 14.448349 ☎ 222-960-662 🕐 월-금 10:00-19:00
Map → ⑥-F-4

> **Theme**
> spot_1

블타바강에서 놀자

블타바강을 빼놓고 어찌 프라하를 논하랴. 햇살을 머금고 흐르는 블타바강의 풍경은 한 폭의 서정적인 그림이고, 밤이 되면 달빛 아래에서 '유럽의 3대 야경'을 완성한다. 카를교, 유람선, 캄파섬 등 당신이 프라하에서 남기는 추억 어딘가에는 블타바강이 함께 자리하고 있을 것이다.

Boat Cruise

유람선의 매력은 강과 도시를 새로운 각도에서 바라볼 수 있다는 것. 단순히 1시간 동안 블타바 강변 뷰를 둘러보거나 작은 보트로 캄파섬 옆 작은 운하인 '악마의 수로'만을 둘러보는 상품, 또 점심 뷔페를 즐기거나 재즈 공연을 보면서 야경을 감상하는 상품 등등 다채로운 유람선 프로그램이 있으니 일정과 선호에 맞게 선택해 즐기자.

A

Jazz Boat 재즈 보트
📍 Dvořákovo nábřeží(체후브 다리Čechův most 아래 2번 부두)
메트로 A선 · 트램 스타로몌스츠카 Staroměstská역 도보 7분
📍 50.092009, 14.416677
📞 731-183-180
⏰ 08:00-23:00 🏠 www.jazzboat.cz
Map ··· ①-A-3

B

Prague Boats 프라하 보트
📍 Dvořákovo nábřeží(체후브 다리Čechův most 아래 5번 부두)
메트로 A선 · 트램 스타로몌스츠카 Staroměstská역 도보 8분
📍 50.092639, 14.418228
📞 724-202-505
⏰ 09:00-22:00 🏠 www.prague-boats.cz
Map ··· ①-A-3

프라쟉들이 사랑해 마지않는 수변 공간. 그들은 강둑에 앉아 맥주를 마시거나 자전거를 탄다. 토요일 오전에는 파머스 마켓이 열리고, 어느 배 위에서 콘서트가 열리면 순식간에 야외 콘서트장이 되기도 한다. 나플라브카는 '블타바강+당신이 그날 만난 경험'으로 정의된다. 강변 정비사업 이후 2019년에 재개장하면서 소음 피해를 호소하는 인근 주민들을 위해 '노이즈 프리 나플라브카' 정책이 시행되었다. 월요일과 화요일에는 저녁 8시, 수요일부터 토요일까지는 10시 이후 악기 연주와 디제잉이 불가하며, 일요일은 음악 연주와 대규모 행사가 전면적으로 금지된다.

📍 **Náplavka**(팔라츠케호 다리Palackého most와 젤레즈니츠니 다리Železniční most 사이 강변, 상세 주소 없음) 트램 비톤Vyton역 도보 1분
📍 50.070616, 14.414085 Map ··· ②-D-4

강변을 따라 블타바강 경치를 내세워 관광객들을 유혹하는 수많은 강변 레스토랑들이 즐비하다. 그중에서 위치가 좋다는 이유만으로 터무니없는 가격이나 질 낮은 음식으로 우리를 기만하는 곳들은 모두 빼고 알짜배기들만 엄선했다.

A

스타레 므네스토

Marina Ristorante 마리나 레스토랑 - 이탈리안

Alšovo nábřeží (마네소부 다리 Mánesův most 옆. 상세 주소 없음)
메트로 A선 · 트램 스타로므네스츠카 | Staroměstská역 도보 2분
50.088889, 14.413682　605-454-020　11:30-24:00
Map → ① - B - 4

B

Loď Pivovar 로뒤 피보바르 - 선상 양조장　스타레 므네스토

Dvořákovo nábřeží (슈테파니쿠브 모스트 Štefánikův most 옆. 상세 주소 없음)
트램 들로우하 트르지다 Dlouhá třída역 도보 5분
50.093505, 14.425664
773-778-788　일목 11:30-23:00 금토 11:30-24:00　Map → ① - A - 2

C

Bella Vida café 벨라 비다 - 카페　말라 스트라나

Malostranské nábřeží 3 트램 우예즈드 Újezd역 도보 4분
50.081843, 14.407837
221-710-494　08:30-21:00
Map → ③ - C - 2

Theme spot_2

자연과 함께, 프라하의 공원

뉴욕의 센트럴 파크, 파리의 뤽상부르 공원, 런던의 하이드 파크. 프라하에는 단번에 연상되는 공원이 없는 듯 하지만 그것은 200여 개나 되는 크고 작은 녹지가 도시 곳곳에 산재해 있기 때문이다. 프라하는 유럽에서 인구당 녹지의 비율이 가장 높은 도시로 알려져 있으니 지금 당장 근처의 공원으로 향해 잉여의 시간을 누려 보자.

Letenské Sady
레트나 공원

로컬과 관광객들에게 모두 인기 있는 공원. 공산주의 시절 스탈린 동상이 서 있던 자리에는 '역사는 되풀이되니 항상 깨어 있으라'는 교훈을 주는 대형 메트로놈 조형물이 들어섰다. 아름답기로 손꼽히는 뷰를 자랑하는 레스토랑 하나브스키 파빌리온과 레트나 비어 가든이 관광객들에게 인기가 많다.

A Hanavský pavilion
하나브스키 파빌리온
⊙ Letenské sady 173
☎ 233-323-641
⊙ 11:00-22:00

B Letná Zahradní Restaurace
레트나 비어 가든
⊙ Letenské sady 341 레스토랑 레텐스키 자메첵 Letenský zámeček 앞 공터
☎ 233-378-200 ⊙ 4-9월 11:00-23:00

⊙ Letensky sady 트램 체후브 모스트Čechův most역, 스파르타Sparta역 도보 1분, 트램 흐라드찬스키Hradčanská역 도보 4분
⊙ 50.094689, 14.415946 ⊙ 24시간개방 Map → ⑦-A-2

Riegrovy Sady
리에그로비 공원

프라하의 주거 구역에 있어 주로 인근 주민들이 자주 찾는다. 아기자기하고 어여쁜 공원이지만, 꼭대기에 서면 갑자기 탁 트인 시내 전망이 나타나면서 절로 탄성을 내지르게 된다. 여름 주말이 되면 피크닉을 즐기러 나온 젊은이들로 항상 붐빈다.

⊙ Riegrovy sady 트램 이탈스카Italská역 도보 8분
⊙ 50.080304, 14.441555 ⊙ 24시간개방
Map → ⑧-B-3

Vojanovy Sady
보야노비 공원

카를교 바로 근처에 있음에도 불구하고 잘 알려지지 않아 북적대는 관광객으로부터 피신(?!)할 수 있는 비밀의 정원. 간간이 지나가는 바람 소리와 공작이 우짖는 소리 외엔 그 어떤 것도 당신의 평화로운 시간을 방해할 수 없으리라. 여름에는 화려한 꽃을 피운 덩굴장미 터널이 달콤한 정취를 더한다.

⊙ U Lužického semináře 17 메트로 A선 · 트램 말로스트란스카Malostranská역 도보 2분
⊙ 50.088853, 14.409067 ⊙ 12-1월 08:00-16:00 2-3월 08:00-17:00
4-9월 08:00-19:00 10-11월 08:00-17:00 Map → ③-C-1

Stromovka
스트로모브카

주변 둘레만 5km가 넘고 기찻길이 공원을 가로지르며, 공원 안에 두세 개의 호수가 있을 정도로 거대한 이곳은 중세 시대 왕들의 사냥터였다. 지금은 여기서 프라하 시민들이 반려견을 산책시키고 자전거를 타거나 바비큐 파티를 연다. 시원하게 펼쳐진 공원을 거닐고 호숫가에 앉아 그들을 바라만 보면서 탐진하는 시간은 꽤나 즐거울 것이다.

ⓘ Stromovka 트램 비스타비슈테 홀레쇼비체Výstaviště Holešovice역 도보 1분, 트램 레텐스케나므녜스티Letenské náměstí역 도보 5분
ⓖ 50.105105, 14.422192 ⓣ 24시간 개방 Map → ②-C-4

Chotkovy Sady
호트코비 공원

프라하성 왕실 정원과 나란히 붙어 있어 성의 온갖 잡동사니를 보관했던 공터였다가 1832년 프라하 시민들을 위한 최초의 공원이 된 곳이라 역사적 의미도 깊다. 말로스트란스카역 앞 교차로의 활기와 블타바강의 유유자적함을 한눈에 담을 수 있으면서도 인적이 드문 곳이라 스냅 사진 업체들이 즐겨 찾는 촬영 장소이다.

ⓘ Chotkovy sady 트램 호트코비 사디Chotkovy sady역 도보 5분
ⓖ 50.094108, 14.407783 ⓣ 24시간 개방
Map → ⑦-A-2

Havlíčkovy Sady
하블리츠코비 공원

이탈리아 르네상스 양식의 분수가 돋보이는 공원. 비탈진 포도원 꼭대기에 자리한 중국식 정자는 와인 전문 레스토랑이다. 프라하의 전형적인 주거 구역인 누슬레Nusle 지역을 바라보면서 와인을 마시고 프라하 로컬의 소소한 행복을 탐해 본다. 내부에는 1870년대 볼링장과 사격장을 복원해 만든 카페도 있다.

ⓘ Havlíčkovy sady 트램 Nádraží Vršovice역 도보 4분, 트램 크림스카Krymská역 도보 7분 ⓖ 50.069431, 14.445003
ⓣ 11-3월 06:00-22:00, 4-10월 06:00-24:00 Map → ⑧-C-4

SPOT TO GO TO - 1

Staré Město
스타레 므녜스토, 구시가지

프라하의 중심이자 프라하 관광의 핵심지. 중세 시대부터 도시 변화의 모습을 그대로 간직하고 있어 구시가지 전체가 유네스코 세계문화유산으로 지정되었다. 붉은 지붕들 사이를 걷고 카를교를 건너며 당신이 꿈꾸던 로맨틱한 꿈이 현실이 되는 곳.

Spot. 1
STAROMĚSTSKÉ NÁMĚSTÍ
구시가지 광장

서양 건축사의 모든 양식이 한자리에 모여 있어 '세계 건축의 박물관'이라는 별명을 가지고 있다. 한가운데 서서 주위를 둘러보면 그림책에서 튀어나온 듯한 아기자기한 건물들이 당신을 둘러싸고 있을 것이다. 12세기에 만들어졌지만 주요 시즌마다 큰 시장이 서고 축제가 열리는 등 여전히 프라하 시민의 삶의 터전이다.

ⓐ Staroměstské náměstí 메트로 A선 · 트램 스타로므녜스츠카Staroměstská역 도보 6분
 50.087559, 14.421193
Map → ① - B - 3

구시가지 광장 둘러보기

A. Pomník mistra Jana Husa
얀 후스 동상

프라하의 심장부에 놓인 동상이 다른 인물도 아니고 가톨릭 개혁을 주장하다 화형당한 종교 지도자 얀 후스라니. 그의 저항정신을 이어받아 체코 민족은 주변국의 압제와 불법 점령에도 항거하는 사람들이 되었다. 얀 후스는 잘못된 관습을 파괴하고 불의에 저항하는 '체코 보헤미안 정신'의 근원이다.

C. Staroměstská Radnice
프라하 구시청사

1338년 처음 건축된 이후 차츰 확장되면서 다양한 건축 양식이 하나의 건물을 이루고 있다. 전망대에서 그림엽서처럼 아름다운 프라하의 구시가지의 모습을 내려다보자. 전망대 입장권을 소지하면 천문시계 내부도 볼 수 있는 채플 등도 돌아볼 수 있다.

⊙ Staroměstského náměstí 1
☏ 50.087009, 14.420485 ☎ 221-714-714
⊙ 월 11:00-19:00 화-일 09:00-19:00,
전망대 월 11:00-22:00 화-일 09:00-22:00
₩ 성인 Kč250, 학생·미성년자및 65세 이상 Kč150
Map → ①-B-3

B. Chrám Matky Boží před Týnem
틴 성모 마리아 성당

프라하 구시가지 광장의 랜드마크. 우아하게 솟은 두 개의 종탑으로 구시가지 광장을 찾는 관광객들을 따뜻하게 맞아준다. 1135년부터 여러 양식으로 개축되어 지금의 모습을 갖췄다.

⊙ Staroměstského náměstí 14
입구는 '카페 이탈리아' 옆 아치문
☏ 50.087580, 14.421929
⊙ 1-2월 수-토 10:30-12:00 15:00-16:30
일 10:00-12:00 월·화 휴무, 3-12월 화-금 10:00-13:00 15:00-17:00 토 10:00-13:00 일 10:00-12:00
월 휴무
Map → ①-B-2

D. Pražský Orloj
프라하 천문시계

매일 매시 정각, 전 세계에서 온 수많은 사람들이 시계 하나만을 바라보며 몰려 있는 진풍경이 벌어진다. 1410년에 완성된 중세 시대 천체관, 과학 기술과 공예술의 집약체이자 현재에 충실하며 항상 감사하라는 철학적인 메시지를 던지는 위대한 시계.

E. Chrám sv. Mikuláše
성 니콜라스 성당

18세기 초, 체코 바로크 양식의 대가 디엔첸호퍼가 설계하고 그의 아들이 완성했다. 천정을 빼곡히 채운 바로크 프레스코화뿐 아니라 이 성당이 러시아 정교회로 사용될 당시 차르가 기증했다는 거대한 보헤미안 크리스털 샹들리에의 영롱한 광채가 방문객들을 사로잡는다. 평일 저녁에는 콘서트홀로도 사용된다.

⊙ Staroměstské náměstí 1101
☏ 50.087923, 14.419874 ☎ 224-190-990
⊙ 월-토 11:00-16:00 일 12:00-16:00
Map → ①-B-3

PLUS INFO
천문시계 살펴보기

① 중앙 아스트롤라비움
현재 천체들의 위치와 시간을 표시
② 하단 칼렌다리움
날짜, 황도 12궁, 해당 시기에 필요한 농민들의 생활 모습을 그림으로 표현
③ 기타
아스트롤라비움 양쪽 '허영, 탐욕, 죽음, 욕망'을 상징하는 목각 인형 4개, 상단에는 예수의 12사도가 나오는 창문과 황금 수탉상

DON'T MISS 종이비행기를 든 소녀

종이비행기를 쓰다듬고 있는 자그마한 소녀는 무슨 생각을 하고 있을까. 2006년 클레멘티눔 외벽에 '프라하 아트 디자인 아카데미'의 재학생이 설치한 이 조각상은 국립 도서관 이용객과 관광객들에게 큰 사랑을 받고 있다.

◎ Karlova 18 (50.086418, 14.416173)

Spot. 2
KLEMENTINUM
클레멘티눔

예수회 수도사들이 지은 복합적인 종교, 연구 단지로 세상에서 가장 아름다운 도서관을 꼽히는 체코 국립 바로크 도서관이 이곳에 있다. 과거 케플러가 연구한 천문 타워에서 내려다보는 풍경도 고요히 마음을 흔든다. 내부는 10시부터 30분마다 시작하는 투어로 돌아볼 수 있다.

◎ Mariánské náměstí 5 메트로 A선 · 트램 스타로므녜스츠카 Staroměstská역 도보 3분
◎ 50.086144, 14.416568 ☎ 222-220-879
◎ 1/11-3/14 10:00-17:30, 3/15-11/24 10:00-18:00, 11/25-12/14 10:00-17:30
◎ 성인 Kč250, 학생·미성년자및65세이상 Kč150, 7세이하무료
Map → ① - B - 4

PLUS INFO
얀 네포무츠키 전설

카를교 위에는 별 다섯 개의 후광을 단 얀 네포무츠키 석상이 있다. 왕이 왕비의 불륜을 의심해 얀 네포무츠키에게 고해 성사 내용을 물었지만 대답하지 않자 혀를 뽑고 블타바강에 던지는 형벌에 처했다. 석상 아래 동판에 도망가려는 왕비와 강에 던져지는 얀 네포무츠키가 보인다. 이들을 만지면 프라하에 다시 돌아온다는 전설이 전해진다.

MUST TRY
구시가지 다리탑 Staroměstská mostecká věž 오르기

구시가지 쪽에서 카를교를 건널 때 카를교의 관문이 되는 탑에 오르면 프라하성과 카를교가 한눈에 들어오는 잊지 못할 풍경을 만날 수 있다. 구시가지 최고의 포토존.

◎ 11-1월 10:00-18:00, 3월 10:00-20:00, 4-9월 10:00-22:00, 10월 10:00-20:00
◎ 성인 Kč100, 학생·미성년자및65세이상 Kč70

Spot. 3
KARLŮV MOST
카를교

아마도 세계에서 가장 사랑받는 다리가 아닐까. 각국의 수많은 관광객이 사랑하는 사람들과 카를교를 건너며 추억을 남기고 다리 위의 버스킹은 여행자의 흥을 돋운다. 1402년 완공 이후 650년 이상 이 자리를 지켜왔다는 그 견고함에 감탄하게 되며, 카를교와 관련된 수많은 전설은 지금도 우리의 상상력을 자극한다.

◎ Karlův most 메트로 A선 · 트램 스타로므녜스츠카 Staroměstská역 도보 6분
◎ 50.086216, 14.413490
Map → ① - B - 4

시간이 있다면 여기도!
JOSEFOV 유대인 지구 요제포프

유대인은 예수를 배반한 민족으로 여겨지면서 2000년 전부터 박해를 받았지만 오랫동안 유럽 땅에 함께 사는 민족이었기에 많은 도시에서 유대인의 문화를 쉽게 찾을 수 있다. 그러나 프라하만큼 오래된 시너고그(유대인 회당)가 원형 그대로 보존된 도시는 흔하지 않으니 프라하에서 유대인 지구를 방문해 보는 것도 의미가 있다.

유대인 지구 인포메이션 센터(티켓 구입처)
- Maiselova 15
- 50.089595, 14.418172
- 222-317-191
- 서머타임 적용 기간 09:00-18:00, 서머타임 해제 기간 09:00-16:30
- Prague jewish town 티켓을 구매하면 주요 시너고그 5개와 유대인 묘지를 모두 돌아볼 수 있다(티켓 선별 구입 불가, 유효기간 7일). 성인 Kč500, 학생·미성년자 Kč350, 6세이하 무료

스페인 시너고그
Španělská synagoga
황금으로 된 돔과 화려한 내부 장식이 환상적이다. 콘서트홀로 사용되고 있다.
- Vězeňská 1

스타로노바 시너고그
Staronová synagoga
프라하의 유대인들에게 위기가 닥칠 때마다 그들을 지켜 주는 괴물 골렘이 숨어 있다는 전설이 전해진다.
- Maiselova 18

구 유대인 묘지
Starý židovský hřbitov
15세기부터 348년간 약 10만 명의 유대인들이 겹겹이 묻혀 있다. 2016년 내셔널 지오그래픽에서 '꼭 방문해야 할 세계 10대 묘지로 선정됐다.
- Široká 3

Spot. 4
PRAŠNÁ BRÁNA
화약탑

14세기 고딕 양식으로 지어진 과거 프라하 시가지의 관문으로, 보헤미안왕이 즉위하면 이 문을 통해 시가지로 입성했다. 합스부르크 왕가의 지배를 받던 시절에는 화약을 보관했기 때문에 '화약탑'이라는 이름이 붙었다. 내부에 보헤미아를 주제로 한 스테인드 글라스와 전망대가 있다.

- Náměstí Republiky 5 메트로 B선·트램 나므녜스티 레무블리키 Náměstí Republiky역 도보 5분
- 50.087271, 14.427787
- 725-847-875
- 11-2월 10:00-18:00, 3월 10:00-20:00, 4-9월 10:00-22:00, 11월 10:00-20:00
- 성인 Kč100, 학생·미성년자 및 65세 이상 Kč70
- Map → ①-B-1

Spot. 5
CATHEDRAL CAFÉ
카테드랄 카페

혼잡한 관광지에서 사람들에게 떠밀려 다니다 한적하고 고요한 카페를 발견했을 때의 짜릿함이란! 틴성당 바로 뒤, 성당의 종소리가 울려 퍼지는 우아한 정원을 가진 카페가 있다. 매일 정오까지 아침 식사를 판매하고 간단한 식사도 할 수 있다.

- Týnská 11 메트로 A선·트램 스타로므녜스츠키 Staroměstská역 도보 8분
- 50.088384, 14.423210
- 735-750-571
- 월-금 09:00-21:00 토일 09:00-22:00
- 에스프레소 도피오 Kč79
- Map → ①-B-2

매일 아침 굽는 신선한 빵!

- Kozí 1 메트로 A선·트램 스타로므녜스츠키 Staroměstská역 도보 8분
- 50.089773, 14.422374
- 222-316-823 07:00-21:00
- 크루아상 Kč55
- Map → ①-B-2

Spot. 6
BAKESHOP
베이크숍

당근 케이크와 티라미수가 유명한 인기 베이커리. 오전 7시부터 오후 3시 사이에는 간단한 식사로 오믈렛도 제공한다. 오전에는 브런치를 즐기기 위한 인파로 붐비므로 자리가 날 때까지 대기해야 하기도 하니 참고.

SPOT TO GO TO - 2

Nové Město
노베 므녜스토, 신시가지

'신시가지'라는 뜻이지만 이전부터 있었던 구시가지 '스타레 므녜스토'와 대비해 부르는 이름일 뿐, 카를 4세가 무려 14세기에 조성한 역사 깊은 구역이다. 체코의 중세 시대부터 근현대에 이르기까지 기나긴 역사의 주 무대였던 만큼 다양하고 무게감 있는 명소들이 자리하고 있으니 허투루 둘러볼 수 없다.

ⓢ Václavské náměstí 메트로 A · C선 무제움Museum역 A · B선 무스텍Mustek역
ⓖ 50.079864, 14.429710
Map → ② - E - 2

Spot.
VÁCLAVSKÉ NÁMĚSTÍ
바츨라프 광장

카를 4세가 신시가지를 조성할 당시 마시장이었다가 1891년 국립 박물관이 들어서면서 지금과 같은 모습이 갖춰졌다. 광장 초입의 성 바츨라프 동상은 1913년에 세워진 것. 격동의 체코 근현대사의 주 무대였으나 지금은 쇼핑몰, 기념품 가게, 호텔 등이 들어선 혼잡한 관광지이다. 광장을 가로지르며 체코 근현대사 속 드라마틱한 사건들을 되짚어 보거나 광장을 둘러싸고 있는 19~20세기의 아름다운 건축물들을 구경해 보자.

DON'T MISS
얀 팔라흐와 얀 자이츠의 추모 조형물
"소련의 침략에 침묵으로 일관하는 사람들, 그런 사람들 사이에서 사라지는 도덕성에 경종을 울리고 싶었다"는 젊은이들을 생각하며.

NEARBY
프란체스코 정원
Františkánská Zahrada

한적한 도심 속의 여유를 만끽할 수 있는 오아시스 같은 곳. 평일 점심시간에는 샌드위치로 점심을 때우는 직장인들도 볼 수 있고 해가 나는 주말에는 많은 사람이 햇볕을 즐기거나 책을 읽는다.

ⓢ Vodičkova 2108/39a 트램 바츨라프스케 나므네스티Václavské náměstí역 (파사쥬 스베토조르Pasáž Světozor를 통과)
ⓖ 50.082024, 14.424467
ⓞ 4/15-9/14 07:00-22:00, 9/15-10/14 07:00-20:00, 10/15-4/14 08:00-19:00
Map → ② - E - 2

Spot. 2
NARODNI MUSEUM
국립 박물관

웅장한 네오 르네상스 양식의 건물로, 1891년 이 자리에 들어선 후 전쟁과 외세의 침공에도 크게 손상되지 않고 자리를 지켰다. 2011년부터 2018년까지 대대적인 보수공사 끝에 2018년 10월 28일 다시 문을 열었다. 지붕 꼭대기 쿠폴라에 오르면 프라하 시내를 내려다볼 수 있다. 왼쪽으로 보이는 현대적 건축물이 국립 박물관 신관으로, 과거 연방 의회와 라디오 방송국으로 쓰이다가 지금은 자연사 박물관 및 기획 전시관으로 쓰이고 있다.

ⓘ Václavské náměstí 68 메트로 A · C선 무제움Museum역
📍 50.079215, 14.430580 ☎ 224-497-111 🕐 10:00-18:00
💰 상설 전시 성인 Kč250, 26세 이하 학생 · 미성년자 및 65세 이상 Kč170 (쿠폴라에 전망대에 올라갈 경우 Kč100 추가. 전망대 티켓 별도 구매 불가)
Map → ②-F-3

PLUS INFO
그날 바츨라프 광장에서 무슨 일이?

* 1918.10.28 오스트리아-헝가리 제국으로부터의 체코슬로바키아 독립 선언문 낭독. 바츨라프 동상 아래에는 그날을 기념해 28.10.1918이라는 글자가 적혀 있다.
* 1945.5 나치 독일에 대한 시위와 제2차 세계대전의 종전 선언
* 1948.2 체코 공산당을 지지하는 시민들의 대규모 집회. 체코슬로바키아의 공산화를 촉진하는 계기가 되었다.
* 1968.8.20 체코의 민주·자유화 정책인 '프라하의 봄'을 저지하고자 하는 소련의 무력 침공에 항의해 광장에 모인 프라하 시민들을 소련군이 처참하게 진압했다.
* 1969.1 카를대 학생 얀 팔라흐와 얀 자이츠가 소련의 프라하 침공에 항의하며 분신자살
* 1989.11 공산정권의 종식을 가져온 벨벳 혁명이 시작된 곳. 최고 25만 명이 운집했다고 알려진다.

Spot. 3
PALÁC LUCERNA
루체르나 궁

체코 문화의 부흥을 꿈꿨던 '할아버지 바츨라프 하벨(하벨 전 대통령의 조부)'이 프라하 시민을 위한 문화생활의 중심지로 세운 건물이다. 1907년에 문을 연 이곳 지하에는 아이스하키 경기를 할 정도로 거대한 아이스링크까지 있었다고. 세월이 흘러 아이스링크는 커다란 무도회장이 되었고 곳곳에 새로운 가게들이 많이 들어섰으나 여전히 프라하 사람들의 사교와 문화생활 장소로 남아 있다.

DON'T MISS

데이비드 체르니의 조각상 '말Kůň'
체코의 성인 바츨라프가 거꾸로 매달린 죽은 말에 앉아 있는 이 작품은 스트로폼으로 만들어졌다. 거센 바람이 실내까지 들이치는 날, 죽은 말이 위태롭게 흔들리는 모습은 짐짓 기괴하면서도 위트 있는 풍경이다.

카페 루체르나 Kavarna Lucerna
아르누보 스타일의 실내장식과 바 뒤쪽 창장 장식이 특히 아름다운 카페. 1920년대 카페 인테리어가 그대로 남아 있어 과거로 시간여행이라도 온 것 같은 착각이 든다.

그라피티 스테인드글라스
체코의 유명한 그라피티 아티스트 파스타 오네르의 작품. 전 세계에서 몇 안 되는 현대 스트릿 아트와 스테인드글라스의 독특한 만남.

ⓘ Štěpánská 61 메트로 A · B선 무스텍Mustek역 트램 바츨라프스케 나메스티Václavské náměstí역 도보 2분
📍 50.080910, 14.426417 ☎ 224-224-537 🕐 10:00-24:00 💰 카페 루체르나 에스프레소 Kč45 Map → ②-E-2

Spot. 4
MUCHOVO MUSEUM
무하 박물관

아름다운 아르누보 풍의 그림으로 잘 알려진 체코의 국민 예술가 알폰스 무하의 대표작과 생애를 총망라한 박물관. 규모는 작아도 전시 내용은 알차다. 100여 점 이상의 다양한 전시물을 살펴보면서 전천후 아티스트로서의 무하의 면모를 만날 수 있다.

ⓐ Panská 7 트램 인드리지스카Jindřišská역 도보 3분
ⓖ 50.084334, 14.427588 ☎ 224-216-415 ⓗ 10:00-18:00
ⓦ 성인 Kč240, 학생·미성년자및 65세 이상 Kč160
Map → ②-E-2

천문시계 칼렌다리움 진품!

Spot. 5
MUZEUM HLAVNÍHO MĚSTA PRAHY
프라하 시 박물관

프라하 천문시계 칼렌다리움의 진품도 볼 만하지만 가장 압권인 전시물은 20m² 규모의 '랑베일의 프라하 도시 모형'. 국립 도서관의 사서였던 안토닌 랑베일은 종이 판지를 이용해 1/480의 크기로 당시 시의 풍경을 완벽하게 재현해 냈다. 랑베일은 1826~1837년까지 무려 11년간 이 모형을 완성하느라 빈곤하고 불후한 노년을 맞이했지만, 이 도시 모형은 전후 파괴된 프라하를 복원하는 데 큰 도움이 되었다.

ⓐ Na Poříčí 52 메트로 B·C선 플로렌츠Florenc역
ⓖ 50.089963, 14.438521 ☎ 221-709-674
ⓗ 화-일 09:00-18:00 월 휴무 매월 마지막 수요일 09:00-20:00
ⓦ 성인 Kč150, 학생·미성년자및 65세 이상 Kč60
Map → ②-F-1

Spot. 6
JERUZALÉMSKÁ SYNAGOGA
예루살렘 시너고그

예루살렘 시너고그와 같은 아르누보 양식과 무어 양식의 만남은 전 세계 어떤 시너고그에서도 찾아볼 수 없는 프라하만의 독특한 건축 스타일이다. 프라하에서 가장 최근에 건축된 유대교 회당으로 1906년 완성되었다. 유대교 경전의 문구로 장식된 내부 벽면은 기하학적이고 아름다운 히브리어의 자형이 아르누보의 장식적인 특징과 결합해 환상적인 분위기를 자아낸다.

Jeruzalémská 7 메트로 C선 흘라브니 나드라지Hlavní nádraží역 도보 4분, 트램 인드리지스카Jindřišská역 도보 2분
50.084708, 14.432022 ☎224-800-849
4-10월 10:00-17:00 토 휴무
성인 Kč100, 학생·미성년자및 65세 이상 Kč60
Map → ②-F-2

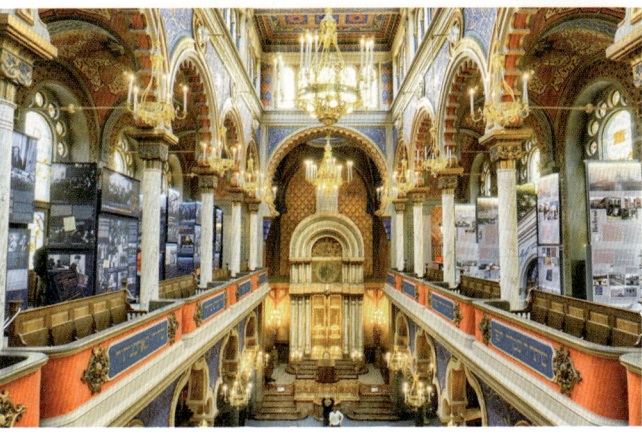

Spot. 7
TANČÍCÍ DŮM
댄싱 하우스

뮤지컬 영화계 최고의 커플로 꼽히는 '프레드와 진저'에서 영감을 받아 설계되었다. 갤러리, 호텔로 쓰이고 있고 프라하 뷰를 바라볼 수 있는 '진저 앤 프레드' 레스토랑과 '글라스 바'가 있다. 글라스 바에서 커피 한잔하는 시간은 꼭 가져 보자. 탁 트인 강줄기와 다리 저 너머 어딘가로 향하는 차들, 멀리 보이는 프라하성의 뷰는 당신을 실망시키지 않는다.

Jiráskovo náměstí 6 트램 이라스코보 나므녜스티Jiráskovo náměstí역 도보 2분
50.075424, 14.414189 ☎605-083-611
진저앤프레드 07:00-24:00
글라스 바 09:00-22:00
글라스 바 카푸치노 Kč69
Map → ②-D-3

시간이 있다면 여기도!

하벨 시장
Havelské Tržiště
1232년부터 유래를 찾아볼 수 있는 프라하의 대표 시장. 지금은 중국산 기념품을 주로 파는 키치한 관광지가 되었다.

Havelská 13 메트로 A·B선 무스텍Mustek역 도보 3분
50.084761, 14.420957
☎224-227-186
06:00-18:30
Map → ②-E-2

YMCA 궁
Palác YMCA
문 없는 캐비닛이 무한히 돌아가는 엘리베이터, 파터노스터가 있다. EU에서는 안전상의 이유로 신규 설비를 금지하고 있으니 미래에는 박물관에서나 볼 수 있을지 모를 지도. 프라하에서 한번 이용해 보자.

Na Poříčí 12 메트로 B선 트램 나므녜스티 레푸블리키Náměstí Republiky역 도보 1분
50.089128, 14.430977
06:30-22:00 Map → ②-F-1

합리적인 그대의 작은 사치

우아하게 클래식 공연

2017년에도 프라하는 유럽에서 문화 공연과 전시가 가장 활발한 도시 3위 안에 들었다. 더욱 반가운 것은 유럽에서 제일 저렴한 가격으로 발레, 오페라 등 공연을 즐길 수 있는 도시로 선정되었다는 것. 역사적인 공연장에서 클래식의 본고장 유럽의 수준 높은 공연들을 즐길 수 있는 황홀한 밤이 당신을 기다린다.

1 체코 국립 오페라·발레단과 국립 극장
NÁRODNÍ DIVADLO

체코 국립 오페라·발레단이 공연하는 극장은 여러 개. 먼저 아름다운 네오 르네상스 양식의 '국립극장 구관'은 오스트리아-헝가리 제국이 지배하고 있던 시절, 체코의 문화 부흥을 위해 모금된 국민 성금으로 1881년에 개관했으나 그 직후 큰 화재로 크게 훼손되자 국민들은 다시 한번 모금 운동을 전개해 지금과 같은 모습으로 재오픈할 수 있었다. 또 '스타보브스케 극장'은 프라하에서 가장 오래된 극장으로서 모차르트가 <돈 조반니> 초연을 지휘한 곳이며, 네오 로코코 스타일로 장식된 '스타트니 오페라'는 유럽에서도 가장 아름다운 공연장으로 손꼽힌다. 이 외에도 현대적인 작품들은 '국립극장 신관'에서 공연한다. 체코 국립발레단의 발레 공연은 4~7만 원 정도면 가장 좋은 좌석에서 관람할 수 있다.

☎ 224-901-448
🏠 www.narodni-divadlo.cz

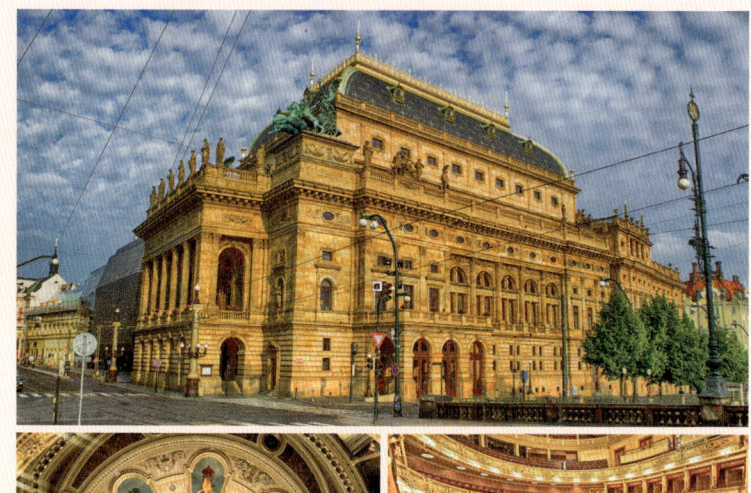

 TIP 공연 관람 드레스 코드와 관람 매너

사무실에서도 편한 복장을 하고 다니는 체코인들이지만 클래식 공연만큼은 완벽한 정장으로 차려입고 드레스 차림을 한 여성들도 심심치 않게 눈에 띈다. 여행 중이라 정장은 힘들더라도 청바지에 운동화 차림은 피하도록 하자. 클래식 음악 공연의 경우 악장과 악장 사이에는 박수를 치지 않으며, 오페라와 발레는 인상 깊은 장면에 자유롭게 박수를 보낼 수 있다.

A
Národní Divadlo
국립극장 구관
🚇 Národní 2 트램 나로드니 디바들로 Národní divadlo역
📍 50.081302, 14.413514
Map → ②-D-2

B
Stavovské Divadlo
스타보브스케 극장
🚇 Železná 메트로 A선·트램 스테로므녜스츠카 Staroměstská역 도보 10분, 메트로 B선·트램 나므녜스티 레푸블리키 Náměstí Republiky역 도보 10분
📍 50.085982, 14.423670
Map → ①-C-2

C
Státní Opera
스타트니 오페라
🚇 Wilsonova 4 메트로 A·C선·트램 무제움 Muzeum역 도보 6분
📍 50.080510, 14.432979
Map → ②-F-2
*2019년까지 리모델링으로 폐쇄

D
Nová Scéna
국립극장 신관
🚇 Národní 4 트램 나로드니 디바들로 Národní divadlo역
📍 50.081214, 14.414712
Map → ②-D-2

2 체코 필하모닉 오케스트라와 루돌피눔
RUDOLFINUM

'체코인들은 말보다 바이올린을 먼저 배운다'라는 말이 있을 정도로 클래식 음악에 남다른 재능을 가졌다. 체코의 대표 관현악단인 체코 필하모닉 오케스트라는 1896년 드보르작의 지휘로 첫 공연을 가진 이래 지금까지 세계적인 명성을 이어오고 있다. 그들이 홈스테이지로 사용하고 있는 곳이 바로 그들이 첫 콘서트를 열었던 루돌피눔 안에 있는 '드보르작 홀'. 그리스 신전 양식으로 화려하게 장식된 오르간과 황금빛 조명이 눈부시게 아름다우며 특히 관현악과 실내악에 특화된 어쿠스틱을 자랑한다. 전 세계에서 체코 필하모닉 오케스트라의 공연을 제일 저렴하게 볼 수 있는 곳은 바로 프라하이다 (R석 기준 7~9만 원 정도).

DON'T MISS
시민회관 카페 Kavárna Obecní Dům
투어를 하거나 공연을 관람할 시간이 없다면 시민회관 1층에 있는 카페에 잠시 들러 아르누보 인테리어의 아름다움을 감상해 보자.

Alšovo nábřeží 12 메트로 A선 · 트램 스타로므녜스츠카 Staroměstská역 도보 2분
50.089648, 14.415451 ☎227-059-227 www.ceskafilharmonie.cz Map → ① - A - 4

3 프라하 시립 교향 악단과 시민회관
OBECNÍ DŮM

프라하 시민회관 안에 있는 '스메타나 홀'은 프라하의 봄 국제 음악제의 개막 공연이 열리는 곳이자 1934년에 창립된 프라하 시립 교향악단의 주 무대이기도 하다. 화려하고 정교한 아르누보 양식의 대표적인 건물이며 무하의 벽화로도 유명한 내부는 투어로도 둘러볼 수 있다. 체코 작곡가들의 곡을 탁월하게 해석하는 것으로 잘 알려진 프라하 시립 교향악단의 공연은 R석 기준으로 2~3만 원 정도면 볼 수 있다.

Náměstí Republiky 5 메트로 B선 · 트램
니므네스티 레푸블리키 Náměstí Republiky역 도보 2분
50.087731, 14.427796 ☎222-002-107
www.fok.cz(시민회관 투어 일정 확인 : www.obecnidum.cz)
Map → ① - B - 1

Prague castle 아직도, 비밀의 성

프라하성에 대한 여행 정보는 차고 넘치지만 아직도 당신이 모르는 숨은 명소들이 남아 있다는 사실. '세계에서 가장 큰 고대 성채 단지'로 기네스북에 오른 곳이니 만큼 서두르지 말고 찬찬히 둘러보며 프라하성의 찬연한 아름다움을 깊게 음미해 보자.

프라하성 완전 정복 루트

① 트램 크랄로브스키 레토흐라덱Královský letohrádek역 하차 ⇒ ② 왕실 정원 ⇒
③ 프라하성 입장(제2 안뜰) ⇒
④ 성 비투스 대성당 ⇒ ⑤ 구왕궁 ⇒
⑥ 성 이르지 성당 ⇒ ⑦ 황금소로 ⇒
⑧ 달리보르 탑 ⇒ ⑨ 남쪽 정원 ⇒
⑩ 프라하성 스타벅스에서 경치 감상 및 프라하성 정문 ⇒ ⑪ 노비 스비엣

* 겨울 시즌에는 트램 프라쥬스키 흐라드Pražský hrad역에서 내려 프라하성 제2 안뜰로 입장하며, 달리보르 탑 관람 후 프라하성을 나가지 말고 다시 정문으로 돌아 나와 노비 스비엣 방면으로 가야 한다.

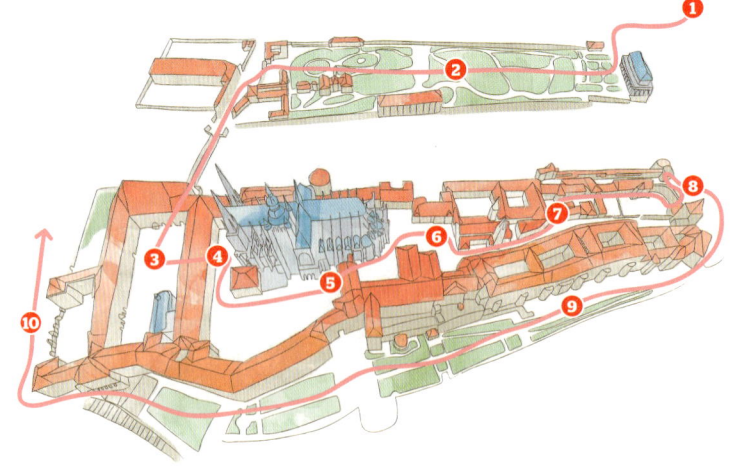

Pražský Hrad 프라하성

📍 Druhé nádvoří Pražského hradu 트램
프라쥬스키 흐라드Pražský hrad역 도보 4분
🌐 50.090546, 14.398487
☎ 224-372-423, 224-372-419
🕐 여름 시즌(4.1~10.31)
- 프라하성 단지: 06:00-22:00
- 성비투스 대성당: 월-토 09:00-17:00
  일 12:00-17:00(마지막 입장 16:40까지)
- 성비투스 대성당 남쪽 탑 전망대:
  10:00-18:00(마지막 입장 17:30까지)
- 정원(왕실 정원·남쪽 정원):
  10:00-18:00
- 기타: 09:00-17:00

🕐 겨울 시즌(11.1~3.31)
- 프라하성 단지: 06:00-22:00
- 성비투스 대성당: 월-토 09:00-16:00
  일 12:00-16:00(마지막 입장 15:40까지)
- 성비투스 대성당 남쪽 탑 전망대:
  10:00-17:00(마지막 입장 16:30)
- 정원(왕실 정원·남쪽 정원): 폐쇄
- 기타: 09:00-16:00

💰 입장료는 www.hrad.cz에서 한국어안내 참조.
실내 촬영을 위한 사진 촬영 티켓 Kč50
Map ··· ③ - B - 1

프라하성 시크릿 플레이스

SGRAFFITO 스그라피토 양식
타일이나 도자기가 굳기 전에 바탕을 긁어서 표면 안쪽의 대조적인 색조를 드러내게 하는 장식 기법

Spot. 1
KRÁLOVSKÁ ZAHRADA
왕실 정원

1534년 처음 생겼으며 르네상스 스타일과 영국식 정원의 스타일이 혼재된 아름다운 정원. 한적하고 조용한 가운데 분수, 기하학적 무늬의 꽃밭, 페르디난트 1세 황제가 아내 앤에게 바친 여름 궁전도 찬찬히 둘러보자. 과거 귀족들이 공놀이를 즐겼으며 현재는 국가 행사의 연회장으로 쓰이고 있는 '볼 게임 홀'에서는 르네상스 시대의 아름다운 스그라피토 장식을 엿볼 수 있다.

Spot. 2
JIŽNÍ ZAHRADY
남쪽 정원

파라다이스 정원Rajská zahrada, 성곽 정원 Zahrada na valech으로 이루어진 이 정원은 프라하성 남쪽 전면에 걸쳐 길게 놓여 있다. 탁 트인 프라하의 뷰를 감상해 볼 수 있는 프라하성 최고의 뷰 포인트. 2019년 현재 공사로 폐쇄 중이다.

Spot. 3
KAVÁRNA NOVÝ SVĚT
카페 노비 스비엣

예로부터 노비 스비엣은 성 주변의 상권에서 일하던 사람들이 살던 곳. 지금은 관광객들을 피해 호젓한 산책을 즐길 수 있다. 특히 '카페 노비 스비엣'은 프라하성에서 10분 거리에 있다는 것이 믿기지 않을 만큼 고요하고 마법 같은 장소. 인파를 벗어나 테라스에 앉아 한숨 돌렸다 가자.

📍 Nový Svět 2 트램 브루스니체Brusnice역 도보 7분 프라하성 정문에서 도보 10분
🌐 50.091184, 14.390386 ☎ 242-430-700 🕐 화-토 11:00-19:00 일 10:00-18:00 월 휴무
☕ 카푸치노 Kč58 Map ··· ③ - A - 1

이곳만은 꼭

Spot. 1
SOUSOŠÍ SOUBOJ TITÁNŮ
프라하성 정문(타이탄 동상)

트램에서 내려서 들어오면 성의 제2 안뜰로 들어오게 되므로 쉽게 지나치게 되는 곳. 거인족 타이탄을 제압하는 신들의 조각상이 서 있는 이곳이 프라하성의 정문이며, 매일 정오에는 군악대가 함께하는 큰 규모의 근위병 교대식이 열린다.

> **PLUS INFO**
> **구왕궁은 '30년 전쟁'이 시작된 곳**
>
> 신성로마제국 황제 페르디난트 1세는 종교의 자유를 폐지하고 개신교를 탄압하며 교회를 허물기 시작했다. 이에 화가 난 보헤미아의 개신교 귀족들은 1618년 항의 차원에서 프라하성의 왕궁을 방문해 개신교 탄압 정책을 펼친 총독부 관리들을 창밖으로 던져버렸다. 이 '제2차 창문 투척 사건'으로 인해 구교와 신교의 갈등이 심화되면서 유럽의 30년 전쟁이 시작되었다.

Spot. 2
KATEDRÁLA SV. VÍTA
성 비투스 대성당

925년 바츨라프 1세가 성 비투스의 성해를 모시고 지은 로마네스크 형식의 교회를 15세기에 카를 4세가 고딕 양식으로 증축했다. 그러나 본격적으로 공사에 박차를 가한 것은 1918년 체코슬로바키아 독립 이후. 성당은 당시 체코슬로바키아 최고의 건축가와 예술가들의 스테인드글라스, 조각 등으로 채워졌다. 2톤의 은으로 만들어졌다는 성인 얀 네포묵의 묘, 알폰스 무하가 디자인한 스테인드글라스가 가장 큰 볼거리. 성당의 남쪽 탑 전망대에 올라 바라보는 시내의 경치는 일품이며 탑에 오르는 길에는 16세기에 만들어졌다는 중부 유럽에서 가장 큰 종 지그문트(무게 15톤, 지름 265cm, 높이 203cm)를 볼 수 있다.

Spot. 3
STARÝ KRÁLOVSKÝ PALÁC
구왕궁

9~10세기경 목조 건물이었던 작은 왕궁이 12세기 로마네스크 석조 건물로 개축되었고, 거기에 카를 4세가 고딕 양식의 궁륭을 더하면서 지금과 같은 모습이 되었다. 16세기에 만들어진 블라디슬라브 홀은 당시 왕의 대관식과 각종 연회가 열렸던 곳으로 현재 보헤미아 왕의 왕관과 보주, 왕홀의 복제품이 전시되어 있다.

Spot. ④
BAZILIKA SV. JIŘÍ
성 이르지 성당

1142년 화재 이후 복원된 모습을 기본으로 하고 있는 내부는 소박하면서도 근엄한 분위기를 자아낸다. 내부의 석관은 프라하를 다스린 최초의 왕조 프르제미슬 일가의 묘이며, 보헤미아 최초의 성녀이자 성 바츨라프의 할머니인 성 루드밀라가 잠들어 있다. 음향의 울림이 좋아 콘서트가 자주 열린다.
(프로그램 확인은 www.pragueticketoffice.com)

Spot. ⑤
ZLATÁ ULIČKA
황금소로

프라하성의 방위병의 휴식처로 쓰이다 후에 하인들, 금 세공업자들이 살았던 곳. 작고 아기자기한 집들이 올망졸망 모여 있는 모습이 탄성을 자아낸다. 고유의 아름다움으로부터 영감을 얻기 위해 많은 예술인들이 이곳을 찾았다. 22호 집은 1916~1917까지 프란츠 카프카가 살았던 곳이며, 12호 집은 제1차 세계대전 중에 수많은 체코 영화의 복사본을 은닉함으로써 체코 영화 자료를 보존하는 데 혁혁한 공을 세운 영화 컬렉터 요제프 카즈다의 작업실로 쓰였다.

Spot. ⑥
DALIBORKA
달리보르 탑

입구부터 싸늘한 기운이 풍기는 이 탑은 1791년까지 지하 감옥으로 쓰인 곳이다. 기사 달리보르가 영주들의 폭정에 신음하던 농노들의 봉기를 지원한 죄로 1498년 최초의 수감자가 되면서 달리보르 탑이라고 불리게 되었다. 내부에는 중세 시대의 고문 도구와 수형 시설이 전시되어 있다.

SPOT TO GO TO - 4

Malá Strana
성의 아랫동네, 말라 스트라나

프라하성과 함께 프라하 여행의 하이라이트라 할 만큼 유서 깊고 찬란한 여행지들이 모여 있는 곳이다. 비탈진 골목골목마다 프라하의 영광스러운 역사와 동화적인 풍경이 짙게 배어 있어 이곳이라면 짐짓 황홀하게 길을 잃겠다.

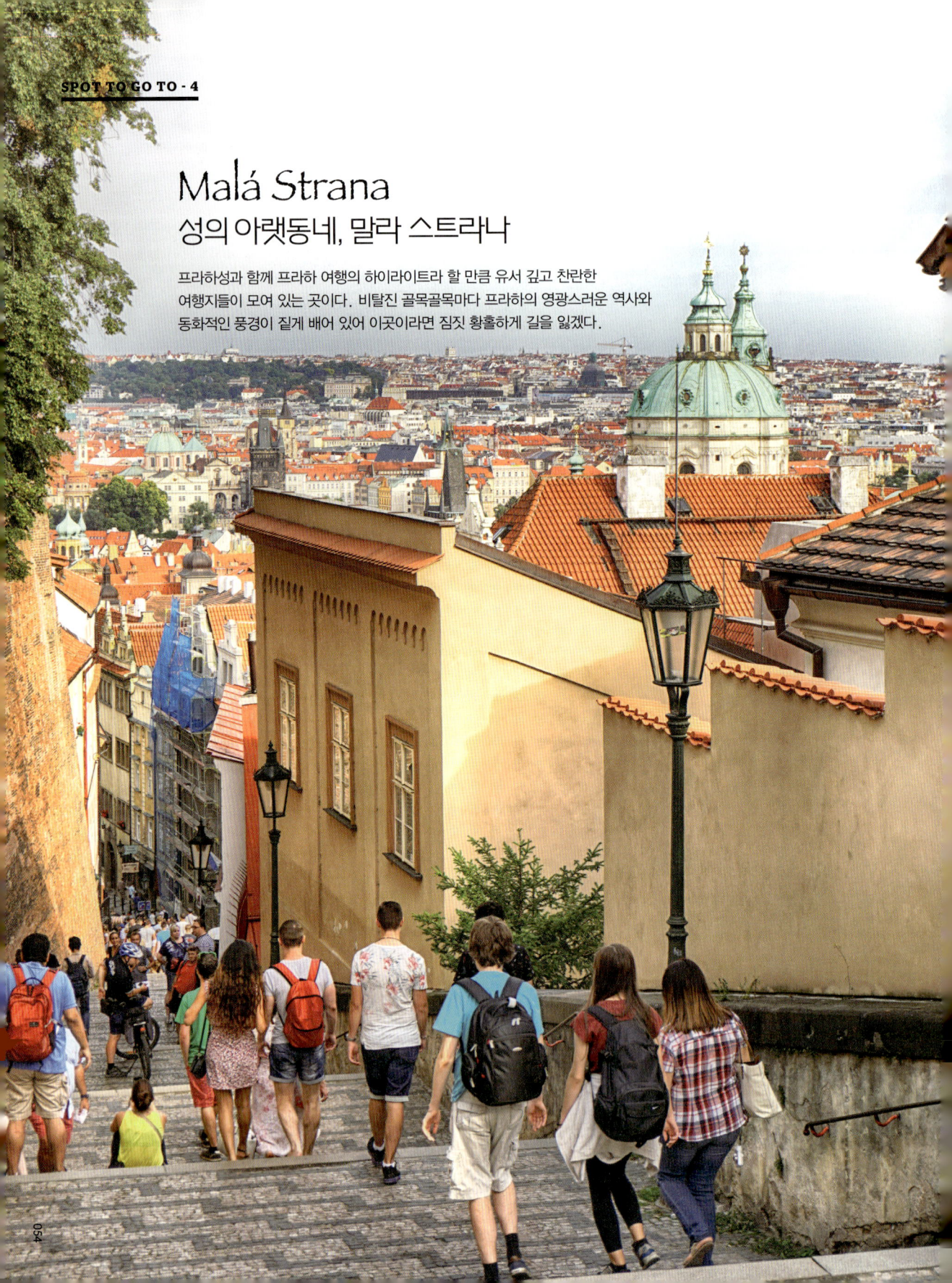

Spot. 1
STRAHOVSKÝ KLÁŠTER
스트라호프 수도원

수도원 양조장에서 담근 맥주가 유명하나 이 곳의 진정한 하이라이트는 아름다운 도서관, 그리고 성 비투스 성당부터 페트르진 타워까지 한눈에 들어오는 파노라마 뷰. 마치 천상의 빛이 새어 나온 듯 은은하게 빛나는 도서관에서 프레스코화를 감상하고 나오면 천국처럼 비현실적으로 펼쳐진 프라하의 풍경이 당신을 맞을 테니, 이래저래 스트라호프 수도원에서는 눈이 호강한다.

🏠 Strahovské nádvoří 1 트램 포호르젤레츠 Pohořelec역 도보 6분
📍 50.086154, 14.389257
☎ 233-107-704
🕐 도서관 09:00-17:00 (12:00-13:00 점심시간)
💰 도서관 성인 Kč120 학생·미성년자 Kč60 (사진 촬영 시 Kč50 추가)
Map → ③-A-2

시간이 있다면 여기도!
마리아 전망대
PANNA MARIA Z EXILU

스트라호프 수도원 부지 한 귀퉁이, 페트르진 언덕이 시작되는 즈음에 있는 성모 마리아상 앞에서도 프라하의 아름다운 광경이 광활하게 펼쳐진다. 스트라호프 수도원에서 바라본 풍경과도 유사하나 조감하는 위치가 조금 더 높고, 한적한 분위기에서 바라볼 수 있는 것이 특징.

📍 50.085628, 14.391041
🚶 스트라호프 수도원에서 도보 5분

Spot. 2
GARDEN CAFÉ TAUSSIG
가든 카페 타우시그

4월 말부터 10월까지만 오픈하며, 제대로 된 오픈 날짜는 SNS에만 공지되는 등 주먹구구식으로 장사하는 곳으로 보이지만 일단 방문하면 모든 것이 용서된다. 꽃이 흐드러지게 핀 고요한 아름다운 정원에서 성 비투스 대성당을 정면으로 바라보며 사색에 잠기는 환상적인 경험을 할 수 있는 곳. 이곳은 지적 장애인을 고용해 이들의 사회 적응을 돕는 착한 카페이기도 하다.

🏠 Vlašská 25 트램 말로스트란스케나메스티 Malostranské náměstí역 도보 13분
📍 50.086031, 14.394610 ☎ 774-724-584
🕐 4-10월 12:00-19:00 (오픈 날짜를 꼭 확인하고 방문하자!)
💰 에스프레소 Kč35 Map → ③-A-2

🏠 전망대 Petřínské sady 633 트램 우예즈드 Újezd역 도보 20분
📍 50.083536, 14.395086 ☎ 257-320-112
🕐 11-2월 10:00-18:00, 3월 10:00-20:00, 4-9월 10:00-22:00, 10월 10:00-20:00
💰 성인 Kč150, 학생 Kč80 Map → ③-A-2

페트르진 푸니쿨라
페트르진 전망대와 함께 1981년에 처음 개통되어 약 500m 정도의 길이를 왕복한다. 트램 우예즈드역에서 내려서 페트르진을 오르다 보면 'Újezd'라고 쓰인 탑승 장소가 나온다. 일반 교통권으로 탑승·환승이 가능하다.

TIP

Spot. 3
VRCH PETŘÍN
페트르진 언덕

최고 높이 327m의 넓은 언덕에 있는 녹지. 가장 눈에 띄는 것은 에펠탑을 5분의 1 크기로 축소해 만든 페트르진 전망대이다. 푸니쿨라를 타고 올라가면서 프라하의 전경을 바라보고 여러 갈래의 길 중 하나를 택해 내려오거나 스트라호프 수도원 쪽으로 향하면서 느긋한 산책을 즐겨 보자. 봄에는 겹벚꽃과 사과꽃이 흐드러지게 피니 프라하에서 봄의 낭만을 즐기기에 그만인 곳이다.

얀 네루다의 생가예요!

시간이 있다면 여기도!
카프카 박물관

독일어로 작품 활동을 한 탓에 체코에서 카프카의 위대성은 벨벳 혁명 이후 들어온 미국인들에 의해 제대로 알려지기 시작했다. 그래서인지 카프카의 발자취는 제대로 보존되어 있지 않은 경우가 많은데 그나마 이곳에는 그의 흔적이 잘 정리되어 있으니 카프카 팬이라면 참 흡족하겠다. 마당에는 데이비드 체리의 유쾌하고 도발적인 분수 '소변'이 눈길을 끈다.

🏠 Cihelná 2b 메트로 A선 · 트램 말로스트란스카Malostranská역 도보 5분
📍 50.087962, 14.410513
☎ 257-535 373 🕒 10:00-18:00
💵 성인 Kč200, 학생과 노인 및 장애인 Kč120
Map → ③-C-1

Spot. 4
NERUDOVA
네루도바 거리

주소 개념이 들어서기 전, 사람들은 건물을 구분하기 위해 건물 전면에 부조나 그림으로 다양한 표지를 남겼다. 체코의 국민시인 '얀 네루다'의 생가가 있어 네루도바 거리로 불리는 이곳은 관광객들을 대상으로 한 기념품 가게와 음식점이 들어선 특별할 것 없는 골목길이지만 건물마다 붙어 있는 표시들이 원형 그대로 잘 보존된 채 밀집되어 있어 소소한 구경거리를 제공한다.

🏠 Nerudova 트램 말로스트란스케나몌스티|Malostranské náměstí역 도보 3분 📍 50.088711, 14.401962 Map → ③-B-1

Spot. 5
LENNONOVA ZEĎ
존 레넌 벽

비틀스의 멤버 존 레넌은 공산주의 치하에서 신음하던 체코 젊은이들에게 자유와 저항의 상징이었다. 그가 죽고 그 누군가 몰타 기사단 건물의 담장에 존 레넌의 얼굴과 비틀스의 가사를 적어 놓은 것이 이곳의 시작. 지금도 평화와 사랑을 염원하는 전 세계 관광객들의 메시지가 가득하다.

🏠 Velkopřevorské náměstí 1 맞은편 벽 트램 말로스트란스케나몌스티|Malostranské náměstí역 도보 4분
📍 50.086255, 14.406794 Map → ③-C-1

Spot. 6
MUZEUM KAMPA
캄파 미술관

체코 근현대 미술의 정수를 훑어볼 수 있는 곳. 규모는 작지만 체코슬로바키아를 위주로 한 중부 유럽의 현대 미술 사조가 일목요연하게 정리되어 있으며 체코 출신 유명 아티스트 프란티셰크 쿠프카의 핵심작도 볼 수 있다. 날씨가 좋다면 1층 레스토랑에서 블타바 강을 바로 옆에 두고 앉아 맥주 한잔하는 호사를 누리자.

🏠 U Sovových mlýnů 2 트램 우예즈드Újezd역 도보 5분
📍 50.084049, 14.408471
☎ 257-286-147 🕒 10:00-18:00
💵 성인 Kč270, 학생 Kč150, 6세미만 무료
Map → ③-C-2

PLUS INFO
캄파섬 Ostrov Kampa

블타바강과 그 작은 지류인 체르토브카Čertovka 사이에 있는 작은 섬. 존 레넌 벽과 캄파를 잇는 다리 옆에는 15세기에 만들어진 물레 방아와 아기자기한 집들이 모여 있어 많은 관광객들이 이곳에서 사진을 찍고, 많은 연인들이 사랑의 자물쇠를 매달아 두었다.

TIP

성 니콜라스 성당 종탑
Svatomikulášská Městská Zvonice

- Malostranské náměstí 29 트램 말로스트란스케 나므네스티|Malostranské náměstí역 도보 1분
- 50.087800, 14.403668 ☎ 725-847-927
- 11-2월 10:00-18:00, 3월 10:00-20:00, 4-9월 10:00-22:00, 10월 10:00-20:00
- 성인 Kč100, 학생 Kč70

Spot. 7
KOSTEL SV. MIKULÁŠE
성 니콜라스 성당

프라하성과 그 인근에서 프라하 일대를 내려다 보면 단박에 눈에 띄는 푸른빛 돔이 바로 지름이 20m나 된다는 성 니콜라스 성당의 큐폴라(돔 지붕)이다. 극진하게 빚어낸 조각상과 공들여 채색한 프레스코화로 가득 찬 내부는 화려함의 극치. 1787년 모차르트가 프라하를 방문했을 때 이곳의 오르간을 연주한 것으로 알려져 있으며, 성당 옆 종탑에는 전망대가 있다.

- Malostranské náměstí 트램 말로스트란스케 나므네스티|Malostranské náměstí역 도보 1분
- 50.088243, 14.403187
- ☎ 257-534-215
- 3-10월 09:00-17:00, 11-1월 09:00-16:00, 2월 월-목 09:00-16:00 금-일 09:00-17:00
- 성인 Kč70, 10-26세 학생 Kč50, 10세 미만 및 장애인 무료
- Map ⋯ ③-B-1

Spot. 8
VRTBOVSKÁ ZAHRADA
브르트보브스카 정원

18세기에 지어진 프라하에서 가장 문화적 가치가 높고 아름다운 바로크 정원임에도 불구하고 아직 대중들에게 많이 알려지지 않았다. 크기는 작지만 층위를 달리한 바로크식 정원들이 깔끔하게 관리되어 있으며, 꼭대기 전망대에서는 화려한 꽃밭 위로 프라하성과 니콜라스 성당이 손에 잡힐 듯, 한 폭의 그림처럼 펼쳐진다.

- Karmelitská 25 메트로 A선·트램 말로스트란스케 나므네스티|Malostranské náměstí역, 트램 헬리호바|Hellichova역 도보 2분
- 50.086702, 14.402967
- ☎ 272-088-350
- 4-10월 10:00-18:00
- 성인 Kč80, 아동·노인 Kč70
- Map ⋯ ③-B-1

Spot. 9
VALDŠTEJNSKÝ PALÁC
발렌슈타인 궁

17세기 오스트리아-헝가리 제국 황제군의 총사령관 발렌슈타인 백작이 지은 궁. 현재는 체코 의회 상원 건물로 쓰이고 있다. 바로크식 자수 화단과 연못, 아름다운 조각상이 있는 발렌슈타인 정원을 잠시 걷는 것으로 충분히 행복하다. 정원 한편에 해골을 쌓아놓은 것 같은 검은 벽은 정원 내 온도 유지 장치라는 설이 있다.

- Valdštejnské náměstí 4 메트로 A선·트램 말로스트란스카|Malostranská역 도보 7분
- 50.090438, 14.407948 ☎ 257-075-707
- 정원 4·5·10월 월-금 07:30-18:00 토일 10:00-18:00, 6-9월 07:30-19:00 토일 10:00-19:00
- Map ⋯ ③-C-1

SPOT TO GO TO - 5

Vyšehrad
보헤미아 영광의 시작, 비셰흐라드

스메타나의 교향시 '나의 조국' 첫 번째 곡의 주제가 된 곳, 전설 속 리부셰 공주가 프라하의 탄생을 예고한 곳으로 체코 민족의 정기가 서린 신성한 곳. 탁 트인 블타바강을 내려다보는 풍경은 언제나 넉넉하고 아름답다. 비셰흐라드에서 당신의 빡빡한 여행 일정에 쉼표 하나 찍어 보시길.

ⓐ V Pevnosti 5b 메트로 C선 비셰흐라드Vyšehrad역 도보 10분, 트램 오스트르칠로보 나므녜스티Ostrčilovo náměstí역 도보 10분
ⓖ 50.064424, 14.420028 ☎ 241-410-348 ⓣ 공원 24시간 개방 Map … ⑤

Spot 1
VYŠEHRAD
비셰흐라드

A. Bazilika sv. Petra a Pavla
성 베드로와 성 파울 성당

아름다운 네오고딕 양식의 성당으로 내부는 환상적인 아르누보 양식과 벽화로 장식되어 있는 점이 독특하다. 매 시각 17개의 작은 종과 4개의 큰 종이 연주하는 카리용(여러 종으로 연주하는 음악) 화음이 울려 퍼지면서 비셰흐라드를 신비롭게 감싼다.

ⓖ 50.064441, 14.417517 ☎ 224-911-303
ⓣ 11-3월 월-토 10:00-17:00 일 10:30-17:00, 4-10월 월-수금 토 10:00-18:00 목 10:00-17:30 일 10:30-18:00
₩ 성인 Kč50, 학생·미성년자 Kč30

B. Hřbitov Vyšehrad
비셰흐라드 묘지

체코 문화와 학문에 큰 업적을 남긴 사람들이 잠들어 있다. 스메타나와 드보르작, 알폰스 무하뿐 아니라 체코의 문학가 얀 네루다, 세계 최초로 '로봇'이라는 단어를 창시한 소설가 카렐 차페크의 묘가 이곳에 있다. 아름답게 장식된 비석들을 구경하며 묘의 주인이 생전 어떤 일을 하는 사람이었는지 추측해 보는 재미도 쏠쏠하다.

ⓖ 50.064727, 14.418101
☎ 274-774-835
ⓣ 3-4월 10월 08:00-18:00, 5-9월 08:00-19:00, 11-2월 08:00-17:00

C. Vyšehradské Sady
비셰흐라드 조각 공원

체코 신화 속 주인공들을 배경으로 만든 조각상 4개가 놓여 있다. 프르제미슬 1세와 왼손을 높이 들어 저 멀리 프라하의 건설을 예언한 리부셰 공주의 상도 보인다. 날이 좋으면 로컬들처럼 너른 잔디밭에서 일광욕을 하거나 소풍을 하기에 더없이 좋은 곳이다.

ⓖ 50.064015, 14.417610

D. 성 마르틴 로툰다 E. 레오폴드 문 외

프라하에서 가장 오래되었다는 11세기 로마네스크 양식의 성 마르틴 로툰다, 오스트리아-헝가리 제국 치하에서 만들어진 레오폴드 문, '리부셰의 욕장'이라는 별명을 가진 고대 성채의 잔해 등도 찾아보자.

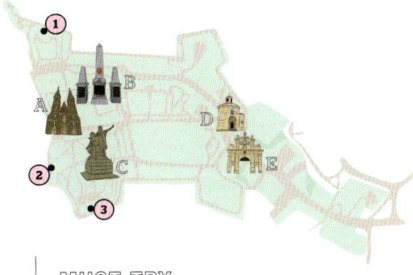

MUST TRY
비셰흐라드 뷰

'높은 곳Vyše에 자리 잡은 성Hrad'이라는 이름에 걸맞게 언덕 꼭대기에 자리 잡은 비셰흐라드. 성곽을 따라 걷다 보면 프라하의 새로운 모습을 내려다 볼 수 있다.

① **백탑의 도시** 수많은 첨탑들이 눈높이 정도에서 파노라마처럼 한눈에 들어오기 문에 '백탑의 도시City of a hundred of spires'라는 프라하의 별명을 가장 잘 실감할 수 있다.

② **프라하성 뷰** 리부셰 공주가 꿈에서 프라하성의 위치를 예견한 곳이 바로 이 자리가 아니었을까. 멀리 보이는 다리 위로 트램이나 기차까지 지나가면 프라하의 낭만은 한층 짙어진다.

③ **블타바강 뷰** 프라하성은 보이지 않지만 탁 트인 강줄기에 눈이 시원해진다. 여름이면 성벽에 걸터앉아 마시는 생맥주 한 잔에 답답한 가슴이 뻥 뚫린다. 해가 막 지고 가로등이 켜지는 매직 아워에는 노을빛 하늘과 황금빛 도시, 검푸른 강물이 주는 서정적인 아름다움에 하염없이 찬사가 나온다.

Spot. ② KAVÁRNA ČEKÁRNA
카페 체카르나

해가 드는 큰 창 옆자리에 카푸치노 하나 시켜놓고 비셰흐라드 산책을 끝내고 내려오는 사람들을 보며 여유를 즐겨 본다. 한여름에 오래된 벽돌담으로 둘러싸인 카페 정원에 앉으면 새소리만이 가득해 숲속 한가운데 있는 듯하다. 비셰흐라드에 와서 이 작고 귀여운 카페를 지나치긴 너무 아쉽다.

ⓐ Vratislavova 8 트램 비톤Výtoň역 도보 5분
ⓖ 50.066852, 14.417540 ☎ 601-593-741
ⓣ 월-금 08:00-22:00 토 10:00-20:00 일 13:00-20:00
ⓜ 카페라떼 Kč60
Map → ⑤

Spot. ③ U ŠEMÍKA
우 셰미카

호텔을 겸하는 레스토랑이자 현지인들이 비즈니스 미팅을 하기도 하는 정갈한 체코 식당이라 전반적으로 로컬 '밥집'에 가까운 맛이다. 내부는 서재처럼 멋스럽게 꾸며져 있고 여름에는 꽃으로 장식된 야외 좌석도 오픈한다.

ⓐ Vratislavova 36 트램 알베르토프Albertov역 도보 4분
ⓖ 50.065724, 14.420015 ☎ 221-965-637 ⓣ 11:30-23:30
ⓜ 스비치코바 Kč199 Map → ⑤

Theme spot_3

마리오네트, 엄연한 하나의 예술 작품

나무 조각을 하나하나 손으로 다듬고 색을 입힌 후 실로 연결해 만든 나무 인형. 세심한 손기술을 가진 인형술사의 손길과 만나면 그들은 걷고, 말하고, 춤추는 하나의 생명체로 거듭난다. 얼핏 보기에는 간단해 보이나 캐릭터를 살리고 자연스러운 관절 움직임을 연출하기 위해서는 나름의 전문성이 필요하다. 체코 마리오네트의 특별함, 직접 확인해 보자.

National Marionette Theatre
국립 마리오네트 극장

모차르트가 프라하를 위해 작곡했다는 오페라 〈돈 조반니〉를 인형극으로 관람해 보자. 비록 극장은 작고 소박하지만 마리오네트 종주국의 대표 극장인 만큼 세계 최고의 마리오네트 장인들이 제작한 쇼를 관람할 수 있다 해도 과언이 아니다. 화려한 바로크 의상을 입고 섬세한 연기를 펼치는 인형들의 움직임, 그리고 그 움직임을 구현해 내는 인형 장인들의 현란한 손놀림에서 눈을 뗄 수 없을 것이다. 매주 목요일에 진행되는 프라하 마리오네트 박물관 투어에서는 공연에 쓰이는 인형들을 직접 만져 보고 무대 뒤편도 구경해볼 수 있다.

🏠 Žatecká 1 메트로A선·트램 스타로므녜스츠카 Staroměstská역 도보 3분
📍 50.087821, 14.417692
📞 224-819-322 🏠 티켓 예매: www.mozart.cz
🎫 〈돈 조반니〉 성인 Kč590, 미성년자 학생 Kč490
Map → ①-B-3

PLUS INFO
체코의 마리오네트

체코에 마리오네트의 전통이 꽃피기 시작한 것은 18세기부터. 당시 오스트리아 합스부르크 가의 지배를 받고 있어 모든 연극이 독일어로 상영된 데 반해, 서민들이 발전시킨 인형극만은 체코어로 이루어질 수 있었고 자연스레 인형극은 체코어를 보존하고 체코 민족주의를 성장시키는 데 큰 역할을 했다. 나치 독일과 공산 정권하에서도 다양한 마리오네트 극작가들이 민족을 위로하고 부조리한 현실을 날카롭게 풍자했다. 오랜 세월에 걸쳐 구전과 모방으로 전해진 체코 고유의 엔터테인먼트로서의 가치, 또 어린이들이 공동체의 가치를 내면화할 수 있는 매체로서의 역할을 인정받아 2016년 12월 유네스코 세계 무형문화유산에 등재되었다.

TIP
인형극으로 진행되는 오페라이며, 이탈리아어로 진행되는 만큼 미리 〈돈 조반니〉의 내용을 알고 가면 더욱 편하게 관람할 수 있다.

Marionety Truhlář
마리오네티 트루흘라르즈

프라하에서 가장 유명한 마리오네트 제작 공방. 이곳에서 만들어지는 인형들은 그 고유의 개성을 인정받아 상하이 엑스포 등 다양한 행사에 초청되었고 영화, TV 시리즈, 다큐멘터리 등 다양한 분야에서 활약을 펼치게 되었다. 마리오네트 장인 파벨 트루흘라르즈가 직접 만든 대형 작품은 한화로 약 80~100만 원 정도의 비싼 값에 팔리기도 한다.

U Lužického semináře 5 트램 말로스트란스케 나므녜스티Malostranské náměstí역 도보 5분, 메트로 A선 · 트램 말로스트란스카Malostranská역 도보 6분
50.087268, 14.407946
602-689-918 10:00-21:00 Map → ③-C-1

Karoliny Světlé 14 트램 나로드니디바들로Národní divadlo역 도보 3분
50.082685, 14.414767
604-230-945
월-금 10:00-18:00
토 11:00-17:00 일휴무
Map → ①-C-4

시간이 있다면 여기도!
마리오네트 제작 워크숍

체코 마리오네트
🏠 www.czechmarionettes.com
1일 6시간 Kč2760, 5일 과정 Kč8900, 7일 과정 Kč19900

마리오네티 트루흘라르즈
🏠 www.marionety.com
6일 과정 Kč20000

위의 세 곳 모두 마리오네트 제작 워크숍 과정을 운영한다. 특히 '체코 마리오네트'에서는 1, 5, 7일간, '마리오네티 트루흘라르즈'에서는 6일간 진행되는 전문 과정도 있는데 이곳에서는 마리오네트를 만들고 완벽하게 조종하는 법까지 배울 수 있다. 마치 조물주가 된 듯 직접 연장을 놀려 나무를 다듬고 관절을 하나하나 이어 붙여 나무토막에 형상과 숨을 불어 넣는 경험. 프라하가 아니면 또 어디서 해 보겠는가.

Czech Marionettes
체코 마리오네트

오픈한 지 3년밖에 되지 않았지만 월트 디즈니사에서 작업을 의뢰해 올 정도로 무섭게 성장하고 있는 마리오네트 숍. 모던하고 세련된 감성의 마리오네트 디자인 덕분에 전 세계에서 다양한 고객들이 맞춤형 마리오네트를 주문하고 있다. 고급스럽게 채색된 이곳의 마리오네트들을 바라보고 있노라면 그 자체로 훌륭한 장식용 소품이라는 생각이 들 것이다.

Theme spot_4

'밀리터리 덕후'를 위한 여행지

전 세계의 국제 질서를 뒤흔들고 전쟁사에 혁명적인 영향을 끼친 두 차례의 세계대전과 냉전. '체코'라는 이름으로 국제무대에 등장하기 이전부터 오스트리아-헝가리 제국과 나치 치하에서, 또 철의 장막의 최전선에서 이래저래 근현대 전쟁의 주 무대가 되었던 곳이 바로 프라하이다. 전쟁의 뒷이야기, 무기와 전투기 이야기라면 귀가 번쩍 뜨이는 당신이라면 여기를 주목하라.

Muzeum Komunismu
공산주의 박물관

낙후된 시설과 조야한 전시 내용으로 '공산주의하에서의 삶을 생생하게 전달한다'는 취지가 무색했던 이곳이 새롭게 이전하면서 눈에 띄게 달라졌다. 공산정권이 들어서게 된 과정, 공산주의가 학교, 여가, 주거형태, 환경 등에 어떤 영향을 끼쳤는지 생생하게 전시되어 있다. 우리가 교과서로만 배웠던 공산주의 체제가 그 시대를 살았던 개인의 삶에는 어떤 의미였는지 간접적으로나마 체험해 보자.

📍 V Celnici 4 메트로 B선·트램 나므녜스티 레푸블리키 |Náměstí Republiky역 도보 2분
📌 50.087891, 14.430076
☎ 224-212-966 ⏰ 09:00-20:00
🎫 성인 Kč290, 학생 Kč250, 65세 이상 Kč270, 10세 미만 무료
Map → ② - E - 1

Národní Památník Hrdinů Heydrichiády
하이드리히 암살 영웅 기념관

'유인원 작전'을 성공시킨 체코슬로바키아의 특수 요원 7명의 추모관이 '성 시릴과 메토디우스 성당' 지하에 있다. '유인원 작전'은 히틀러의 최측근이자 나치 독일의 보헤미아 총독이었던 라인하르트 하이드리히 암살 작전. 작전은 성공했지만 결국 발각된 암살단은 이 성당에서 나치 군에 항전하다 전원 사살되었다. 교회 벽에는 총탄의 자국이 아직도 선명하며 지하로 숨은 최후의 2인을 수장시키기 위해 나치가 물을 투입한 구멍에는 사람들이 끊이지 않고 꽃과 초를 가져다 놓는다. 는 〈새벽의 7인〉과 〈앤트로포이드〉는 '유인원 작전'을 다룬 영화이다.

📍 Resslova 9a 메트로 B선·트램 카를로보 나므녜스티 Karlovo náměstí역 도보 2분
📌 50.075932, 14.416699 ☎ 224-916-100 ⏰ 화-일 09:00-17:00 월 휴무
Map → ② - D - 3

클레멘트 고트발트
KLEMENT GOTTWALD(1896~1953)

체코슬로바키아 공산당을 창당했고 1946년부터 1948년까지 총리를, 1948년부터 1953년까지 대통령을 지내는 등 스탈린의 막강한 지원을 등에 업고 국가를 통치했다. 레닌과 스탈린이 사후에 그러했듯이 그의 시신도 8년간 지금의 리버레이션 홀에 전시되어 있었다.

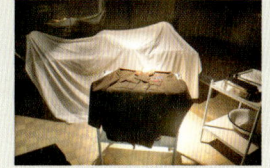

Národní Památník na Vítkově
비트코프 국립 기념관

비트코프 언덕 꼭대기에 자리한 체코 국립 기념관. 내부에는 체코슬로바키아 근현대사에 관한 전시, 전쟁 중 희생된 군인들을 위한 추모 시설 등이 있다. '리버레이션 홀'을 빈틈없이 채운 모자이크는 탄성을 자아내고, 정치인 고트발트 Gottwald의 시신을 방부처리하고 관리하는 데 쓰였던 장비들은 섬짓하지만 흥미로운 볼거리. 전망대에서는 기존에 알려지지 않은 새로운 모습의 프라하 뷰를 굽어볼 수 있다.

ⓐ U Památníku 트램트란스카 Lipanská역 도보 15분, 버스타호브스케나므네스티 Tachovské náměstí역 도보 8분
ⓖ 50.088535, 14.449832 ☎ 224-497-600
ⓣ 11-3월 목-일 10:00-18:00 (전망대 10:00-16:00)
월-수 휴무, 4-10월 수-일 10:00-18:00
(전망대 10:00-18:00) 월-화 휴무
ⓦ 성인 Kč120
학생·미성년자및 65세 이상 Kč80
Map → ⑥-E-3

PLUS INFO
비트코프 언덕과 얀 지즈카

비트코프 언덕은 체코 역사에서 빼놓을 수 없는 매우 특별한 장소. 후스 전쟁(1419~1434) 당시 후스파의 지도자 얀 지즈카Jan Žižka는 이곳에서 2만 5천의 군사로 20만에 달하는 신성로마제국의 가톨릭 군을 무찔렀다. 이 승리로 인해 체코 민족은 독자적인 정체성을 유지할 수 있었고, 비트코프 언덕은 이때부터 체코인의 자존심이자 보헤미아 영광의 상징이 되었다. 체코 국립 기념관 앞에 서 있는 얀 지즈카의 동상은 세계에서 가장 큰 기마상이다.

Letecké Muzeum Kbely
끄벨리 항공 박물관

과거 체코슬로바키아 군용비행장에 자리하고 있으며 유럽에서 손꼽는 규모의 항공 박물관이다. 약 270여 대나 되는 군용 비행기와 헬기 중에는 쉽게 볼 수 없는 구소련 진영과 스웨덴의 전투기들도 잘 보존되어 있다. 전설적인 MIG기 시리즈부터 소련의 아프가니스탄 침공 당시 게릴라들에게 '사탄의 마차'로 불렸다는 MI-24 헬기까지, 군용 항공기 덕후라면 한번쯤 실물이 보고 싶은 전설적인 녀석들이다. 전시는 무료이며 시내 중심가에서 약 50분 떨어진 프라하 외곽에 있다.

ⓐ Mladoboleslavská 9 메트로 B선 비소찬스카 Vysočanská역에서 버스 375번 환승 레테츠케무제움Letecké muzeum역 도보 1분, 메트로 C선 레트냐니Letňany역에서 버스 185, 209, 302, 375, 378번 환승 레테츠케 무제움 Letecké muzeum역 도보 1분
ⓖ 50.125275, 14.535532
☎ 973-207-500
ⓣ 5-10월 화-일 10:00-18:00 월 휴무

합리적인
그대의
작은 사치

다이나믹 프라하, 액티비티 체험

프라하 여행이라고 오래된 골목길을 걷고 유람선만 타다 오는 게 전부가 아니다.
당신의 아드레날린을 솟구치게 할 다양한 체험형 액티비티들이 가득한 프라하.
심지어 가격도 저렴하니 시도해 보지 않고 가기에는 왠지 손해 보는 느낌이다.

1. 시내에서 만나는 체코의 자연, 하이킹

디보카 샤르카 Divoká Šárka 는 프라하 북서쪽에 있는 거대한 자연 보호 지구. 블타바강으로 흐르드는 작은 지류가 깎아 내려간 계곡으로, 계곡을 따라 난 산책길은 울창한 숲, 탁 트인 들판, 아찔한 절벽과 같은 감탄스러운 풍경으로 우리를 안내한다. 맥도날드 옆으로 난 입구로 들어가서 시내 방면으로 걸어 나오는 코스를 추천한다.

ⓐ Evropská 204(맥도날드 디보카 샤르카 지점) 트램 디보카 샤르카Divoká Šárka역 도보 1분
ⓖ 50.093090, 14.323002 ⓗ 24시간 개방

2. YOLO, 스카이다이빙

약 4000m 상공에서 프라하 창공을 가르며 중력에 몸을 맡기는 짜릿한 경험을 해 보자. 사진 촬영을 해 주는 별도의 카메라맨이 함께 뛰는지, 현장에서 곧바로 USB에 영상을 담아 주는지 등 조건에 따라 차이가 있기는 하지만 가격은 대체로 20만 원~30만 원 초반선. 스카이다이빙 체험으로 잘 알려진 스위스의 가격에 절반도 하지 않는 가격이다. 4~11월에만 운영하며 한인 민박을 통해 한국인 안전요원이 동행하는 상품을 쉽게 예약할 수 있다.

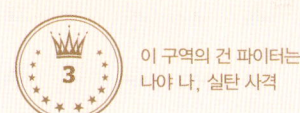

3 이 구역의 건 파이터는 나야 나, 실탄 사격

체코에서 사격은 레포츠의 일종으로 여겨진다. 프라하 시내와 주변에 사격장이 많고 가격이 저렴하며 낯선 구소련의 유명한 총기도 흔히 접할 수 있어 서유럽의 총기 마니아들이 사격 체험을 하러 프라하를 찾기도 한다. 영어를 유창하게 하는 교관의 지도, 총기 대여료 등을 포함해도 한국보다 훨씬 저렴하니 용기를 가지고 시도해 보자. 사격 시에는 신분증과 여권 소지가 필수이다.

Ⓐ

Outback Prague
아웃백 프라하

☏ 603-564-128, 774-848-303
⏰ 10:00-19:00
💰 베이직 팩 Kč2250,
베스트 오브 베스트 Kč3600
🏠 outbackprague.com

프라하 외곽에 있는 사격장. 4종의 총기로 55발을 사격할 수 있는 '베이직 팩'과 무려 10종의 유명한 총기를 체험해 볼 수 있는 '베스트 오브 베스트' 등 다양한 체험 패키지를 운영하고 있다. 모든 패키지에는 호텔에서 사격장까지 차량을 제공해 주는 서비스도 포함되어 있다. 온라인 예약필수.

Ⓑ

Avim Praha
아빔 프라하

📍 Sokolovská 23 메트로 B·C선 트램 플로렌스Florenc역 도보 4분
🌐 50.091934, 14.441044
☏ 222-329-328
⏰ 1-6월·9-12월 10:00-21:00, 7-8월 14:00-21:00
💰 사로 1시간 사용료, 총기 대여비, 탄환 50발 등 합계 Kč970 (탄환의 종류에 따라 가격 상이)
🗺 Map → ⑥-D-4

시내에 위치한 실내 사격장. 작고 허름하지만 총기 소지 면허를 따려는 현지인과 시내에서 사격을 즐기려는 관광객 모두에게 인기 있는 곳이며 오랜 경험과 노하우를 갖춘 교관들이 쉽고 친절하게 설명해 준다. 총기에 따라 다르지만 50발에 총 5만 원이 안 되는 가격이라니! 미리 전화로 예약하는 것이 좋다.

4 블타바강이 허락한 수상 액티비티

물 위를 걷는 것은 어떤 느낌일까? 블타바강물에 누워 프라하성을 바라볼 수 있다면? 커다란 투명한 비닐 볼 안에 들어가 물 위를 걷고 구르는 '수상 조빙'에서는 불가능한 이야기가 아니다. 볼 안에서 누워 있으면 등 뒤의 강물은 시원하고 주변의 소음은 차단되어 평화롭고도 초현실적인 분위기에서 잠시 휴식을 취할 수 있다. 또 카약과 페달 보트를 타고 블타바강 이곳저곳을 누비면서 강변에서는 보지 못한 새로운 풍경을 찾아보는 것도 의미가 있을 것이다.

블타바강 수상 액티비티 업체들의 영업시간은 기상 조건과 계절의 영향을 많이 받는다. 꼭 SNS 페이지나 전화로 운영 여부를 확인하고 방문하도록 하자.

Ⓐ

Water Zorbing Prague
워터 조빙 프라하

📍 Smetanovo nábřeží 트램 나로드니 디바들로 Národní divadlo역 도보 4분
🌐 50.083105, 14.412945
☏ 732-768-458
⏰ 4-10월 10:00-일몰
💰 1명 Kč200 2명 Kč400 3명 Kč500(체험시간 10분)
🏠 praguezorbing.com
🗺 Map → ①-C-4

Ⓑ

Kayak Beach Bar
카약 비치 바

📍 Náplavka (나플라브카에 위치. 상세주소 없음) 트램 비톤 Výtoň역 도보 3분
🌐 50.066928, 14.414716
☏ 604-969-247
⏰ 월-금 17:00-22:00 토 12:00-23:00 일 12:00-22:00
💰 카약 대여 1시간 Kč190, 추가 30분당 Kč95
🗺 Map → ②-D-4

Ⓒ

Půjčovna Lodiček a Šlapadel S.P.L.A.V.
스플라브 페달보트 렌트

📍 Slovanský Ostrov 트램 나로드니 디바들로 Národní divadlo역 도보 3분
🌐 50.080469, 14.412426
☏ 774-151-714
⏰ 4-10월 10:00-일몰
💰 1시간대여 Kč250
🗺 Map → ②-D-2

EAT UP

'체코 음식은 뻔하다'는 편견을 버리자. 세계 최고라 할 수 있는 체코 맥주, 그리고 전통의 재해석으로 새롭게 태어나고 있는 체코 고유의 음식, 신선한 육류를 활용한 다양한 요리와 트렌디한 세계 요리까지. 이제 막 깨어나 다변화하는 프라하의 식문화를 만나 보자.

EAT UP

CAFÉ&BISTRO

느긋하고 소소한 여정

유명한 관광지를 쫓아다니기 바쁜 여행자가 로컬들과 만나기 가장 쉽고 편한 방법은
그들이 모이는 카페로 향하는 것. 지친 다리를 잠시 쉬러 왔지만, 허기를 달래기도 하고 커피 한잔하면서
눈을 들어 사람들을 오래도록 바라보는 것만으로 당신의 여행은 계속된다. 느긋하고 소소하게.

1. EMA ESPRESSO BAR
EMA 에스프레소 바 〔노베 므녜스토〕

2015년도 세계 바리스타 챔피언십 준결승전까지 진출했을 정도로 실력 있는 바리스타들이 모여 있어 모든 커피 맛이 훌륭하기로 유명한 곳이다. 높다란 천장과 심플한 인테리어는 오감이 먼저 커피 맛에 집중할 수 있도록 도와준다. 그러나 커피를 다 마셔갈 때쯤이면 그 공간을 채우는 레몬 빛의 활기에 젖어 주변 사람들을 하나하나 구경하고 있는 스스로를 발견하게 될 것이다. 커피 맛을 잘 모르는 사람도 이 카페를 사랑할 수밖에 없다.

 Na Florenci 3 메트로 B선 나므녜스티 레푸블리키Náměstí Republiky역 도보 1분, 트램 마사리코보 나드라지Masarykovo nádraží역 도보 2분, 빌라 라부튀Bílá labuť역 도보 4분
 50.088711, 14.433493   730-156-933
 월-금 08:00-20:00 토일 10:00-18:00
 에스프레소 도피오 Kč65   Map → ②-F-1

2. CAFÉ IMPERIAL
카페 임페리얼 〔노베 므녜스토〕

2013년과 2017년, 2019년에도 미쉐린 가이드에 체코 음식점으로서 소개되기는 했지만 새로 떠오르는 체코 음식점들의 패기에 밀려 이제 한물간 느낌이 드는 것은 어쩔 수 없다. 그렇다 해도 이 아름다운 카페에 들러야 할 이유가 사라진 것은 아니다. 체코의 유서 깊은 도자기 회사의 타일로 마감된 벽면, 정교한 모자이크로 장식된 천장은 한낮의 햇살과 저녁의 황금빛 조명을 받아 찬연하게 빛난다. 1914년 그대로의 모습을 간직하고 있는 이곳에서 커피 한잔하다 보면 막 독립을 이루고 희망에 부풀었던 1920년대 체코의 황금시대로 돌아간 듯한 기분이다.

 Na Poříčí 15 메트로 B선 나므녜스티 레푸블리키Náměstí Republiky역 도보 2분, 메트로 A·C선 플로렌츠Florenc역 도보 6분, 트램 빌라 라부튀Bílá labuť역 도보 2분
 50.089839, 14.432771   246-011-440
 07:00-23:00   에스프레소 Kč59
Map → ②-F-1

CAFÉ&BISTRO

3 VNITROBLOCK
브니트로블락

〔홀레쇼비체〕

창고의 높은 천장, 벽돌과 철근을 그대로 활용한 인테리어는 '옛것을 남겨둔 다는 것의 여유로움'을 실감케 한다. 자칫 서늘할 뻔했던 그곳은 벽에 걸린 그림, 적절히 배치된 빈티지 나무 테이블, 사람들과 반려견들의 활기로 따뜻해진다. 천장 채광창에서 노을빛이 들어올 때가 되면 이곳은 디제이의 음악으로 더욱 달아오르고 이 매혹적인 폐허에 오래도록 머물고 싶어진다. 카페 옆에는 트렌디한 디자인의 신발과 옷을 판매하는 편집숍 매장이, 위층에는 요가와 댄스 스튜디오, 회의실이 있다.

⌂ Tusarova 31 트램 델니츠카Dělnická역 도보 2분
◉ 50.101950, 14.449329
☎ 770-101-231
⏰ 09:00-22:00
🍴 에스프레소 도피오 Kč65
Map → ⑦-C-1

⌂ Vodičkova 35 트램 바츨라프스케 나므네스티Václavské náměstí역 도보 1분
◉ 50.081576, 14.424491
☎ 222-543-128
⏰ 월-토 10:00-22:00 일 10:00-20:00
🍴 오늘의 수프 Kč70
Map → ②-E-2

4 STYL&INTERIER
스타일 앤 인테리어

〔노베 므네스토〕

바츨라프 광장 인근에 숨어 있는 프로방스 풍의 정원 카페. 정원 한가운데 있는 새하얀 파빌리온과 꽃과 나무가 어우러져 낭만적인 분위기를 연출한다. 샌드위치, 키쉬, 오믈렛, 디저트, 커피, 와인 등등 모두 다 훌륭하나 특히 추천하는 메뉴는 양귀비 씨와 배가 들어간 마스카포네 치즈 케이크. 체코에서 흔히 쓰이는 베이킹 재료이자 흑임자처럼 고소한 맛을 가진 양귀비 씨가 잔뜩 박힌 케이크 시트, 마스카포네 치즈 크림과 달달한 캐러멜의 조합은 환상적이다. 아침 식사 메뉴도 매일 제공한다.

CAFÉ&BISTRO

EAT UP

5 KAVÁRNA CO HLEDÁ JMÉNO
카바르나 초 흘레다 이메노   〔스미호프〕

그다지 특별할 게 없는 프라하 스미호프 지역에 문화적 생기를 불어넣은 것이 바로 이 카페. 주차장 뒤에 버려져 있던 목공소를 부활시켜 카페와 갤러리 등 종합 문화 공간으로 만들었다. 프라하시와의 마찰로 잠시 운영이 중단됐을 당시 카페 운영 재개에 관한 청원에 무려 1만 명의 사람들이 지지를 보냈다. 다시 오픈한 이후 인기가 더욱 치솟아 연일 사람들로 가득 차고 지금까지도 이 근방에서 가장 멋진 공간이다. 주말 오전에는 브런치도 제공한다.

🏠 Stroupežnického 10 메트로 B선 · 트램 안델And역 도보 3분
📍 50.069664, 14.403759
☎ 775-466-330
🕐 월 12:00-22:00 화-금 08:00-22:00 토일 09:00-20:00
☕ 필터 커피 300ml Kč75 Map → ④

6 PROTI PROUDU
프로티 프로우두   〔카를린〕

모던하고 고급스러운 인테리어에 활기찬 분위기. 주중, 주말 할 것 없이 문전성시를 이룬다. 스칸디나비아 인테리어의 심플함 속에 이탈리안 비스트로의 활력을 담은 공간을 만들고 싶었다는데 결과는 대성공. 오믈렛, 프렌치토스트 등 아침 식사 메뉴를 하루 종일 제공하고 다양한 샌드위치, 샐러드 등 모든 메뉴가 하나같이 정갈하고 플레이팅 또한 고급스럽다. 세련된 매너로 생긋생긋 웃으며 응대하는 스태프들 덕에 기분도 최고.

🏠 Březinova 22 메트로 B선 크르지코바Křižíkova역 도보 6분, 트램 우륵소바Urxova역 도보 2분
📍 50.094469, 14.456201
☎ 728-036-171
🕐 월-금 08:30-22:00 토 09:00-18:00 일 휴무
☕ 프렌치토스트 Kč115 Map → ⑥-D-3

7 ONESIP COFFEE
원십 커피   〔스타레 므네스토〕

카푸치노의 첫 한 모금(One Sip)처럼 부드럽고도 강렬한 공간이다. 운이 좋아야 테이블에 앉을 수 있을 만큼 손바닥만 한 공간이지만 직접 로스팅한 커피가 훌륭해 사람들은 끊임없이 이곳을 찾는다. 두 훈남 바리스타는 밝은 미소와 장난스러운 농담으로 모든 손님을 행복하게 만드는 재주가 있다. '바리스타는 사람들을 행복하게 해야 한다'는 그들의 철학이 곳곳에 배어 있는 작은 공간.

🏠 Haštalská 15 메트로 B선 나므녜스티 레푸블리키Náměstí Republiky역 도보 6분, 트램 들로우하트르지다Dlouhá třída역 도보 4분
📍 50.091293, 14.425395 ☎ 605-411-441
🕐 월-금 09:00-18:00 토 10:00-17:00 일 휴무
☕ 에스프레소 Kč45 초코 쿠키 Kč35
Map → ①-A-2

CAFÉ&BISTRO

8　THE FARM
더 팜　〔레트나〕

파머스 마켓에서 구입한 신선한 재료로 요리하기에 '더 팜'이라는 이름을 내세웠지만 도심 카페의 세련됨까지 놓치지 않았다. 지나가는 개를 위해 문밖에 물그릇을 내놓고 그리 크지도 않은 카페에 '당신의 개를 위한 최고의 물'이라 쓰인 반려견 음수대와 키즈 코너를 만든, 배려심 많고 세심한 사람들이 내놓는 음식은 다정하고 흠잡을 데 없다. 반려견 입장 가능한 곳은 찾기 힘들고 노키즈 존이 점차 늘어나고 있는 한국. 이곳에서 어른, 아이, 동물이 고루 행복한 공간의 따스함을 느껴 보자.

🏠 Korunovační 17 트램 코루노바츠니Korunovační역 도보 4분
📍 50.100993, 14.418084 ☎ 773-626-177
🕒 월-금 08:00-22:30 토 09:00-22:30 일 09:00-20:00
🍴 오늘의 파스타 Kč145
Map → ⑦-A-1

9　HOME KITCHEN
홈 키친　〔스타레 므녜스토〕

작은 카페로 시작한 곳이 인기가 많아져 이제는 프라하에 지점이 네 곳이나 된다. '집에서 하는 식사'를 콘셉트로 해 편안한 인테리어와 깔끔한 음식이 강점. 가성비 높은 브렉퍼스트 메뉴와 데일리 메뉴를 하루 종일 제공하고, 주말에는 브런치 메뉴가 따로 있다. 무엇보다 많이 달지 않고 버터 향 진한 이 집 브리오슈는 한번 먹기 시작하면 도무지 멈출 수가 없다.

🏠 Kozí 5 메트로 A선·트램 스타로므녜스츠키Staroměstská역 도보 7분, 트램 들로우하트르지다 Dlouhá třída역 도보 6분
📍 50.090127, 14.422381 ☎ 774-905-802
🕒 월-금 07:30-22:00 토·일 07:30-22:00
🍴 염소치즈 오믈렛 Kč150
Map → ①-A-2

10　CAFE LETKA
카페 레트카　〔레트나〕

오스트리아-헝가리 제국 시절 카페로 쓰였던 장소의 전통을 카페 레트카가 이어받았다. 허름하면서도 귀족적인 분위기를 동시에 연출하는 인테리어는 SNS상에서 많은 사랑을 받고 있다. 베를린의 유명 로스터리 카페에서 공수하는 원두, 다른 곳에서는 쉽게 찾기 힘든 소규모 양조장 마투슈카Matuška 맥주, 정갈한 식사 메뉴 등 독특한 인테리어 못지않은 강점이 차고 넘친다. 주말 브런치를 즐기기 위해서는 예약이 필수.

🏠 Letohradská 44 트램 레텐스케 나므녜스티
Letenské náměstí역 도보 4분
📍 50.098238, 14.425367 ☎ 777-444-035
🕒 월-금 08:00-24:00 토 10:00-24:00 일 10:00-22:00
🍴 브런치 메뉴 Kč129-149　Map → ⑦-B-2

CAFÉ&BISTRO

11 CAFÉ SAVOY
카페 사보이 (스미호프)

메뉴판을 펼쳤을 때 다른 식당에 비해 지나치게 비싼 가격에 기분이 언짢을 수 있다. 그러나 다 먹고 나면 오히려 합리적인 가격이라는 생각마저 들게 된다. 아침 식사도, 카페 메뉴도, 요리도 시키는 메뉴마다 실망시키지 않으니 이쯤 되면 '믿고 먹는 카페 사보이'라 하겠다. 모든 페이스트리는 가게에서 직접 굽는데, 베트르닉은 프라하에서 제일간다고 소문이 자자하다. 아름다운 천장 장식과 곳곳에 보이는 아르누보 양식의 디테일 또한 꼼꼼히 눈에 담자.

🏠 Vítězná 5 트램 우예즈드Újezd역 도보 3분
📍 50.081003, 14.407262
☎ 257-311-562 🕒 월-금 08:00-22:30 토일 09:00-22:00
🍽 사보이 브렉퍼스트 Kč250
Map → ③-C-2

12 LE CAVEAU
르 까보 (지즈코프)

파리 뒷골목의 작은 비스트로를 닮은 이곳에서 프라하에서 제일 맛있는 바게트와 크루아상을 맛볼 수 있다. 따뜻하고 고소한 바게트를 씹으면서 잔디밭에서 뛰노는 체코 아이들을 보며 일상 같은 여행의 소소한 행복을 느껴보자. '이르지호 즈 뽀데브라드' 광장 파머스 마켓을 둘러본 후 재료의 신선함이 살아 있는 아침 식사와 브런치의 여유를 즐기기에 좋다.

🏠 Náměstí Jiřího z Poděbrad 9 메트로 A선 · 트램 이르지호즈포데브라드 Jiřího z Poděbrad역 도보 1분
📍 50.078600, 14.449977 ☎ 775-294-864
🕒 월-금 08:00-10:30 토 09:00-10:30 일 14:00-20:30
🍽 아라비아따 파스타 Kč165 바게트 클래식 Kč35
Map → ⑥-F-3

13 MŮJ ŠÁLEK KÁVY
무이 샬렉 카비 (카를린)

체코의 유명한 커피 로스터리 더블 샷 Double shot에서 직영하는 카페. 시즌마다 새롭게 블렌딩 되는 그들의 시그니처 커피를 맛보는 재미가 쏠쏠하다. 브런치 메뉴로 유명해 평일 주말을 막론하고 오전에는 무척 붐비는 곳이라 예약이 필수다. 다른 데일리 메뉴와 맥주도 무난하며, 가격 또한 합리적이니 여유롭게 누리고 싶다면 브런치 시간을 피해 봄직도 하다.

🏠 Křižíkova 105 메트로 B선 크르지지코바 Křižíkova역 도보 4분
📍 50.093516, 14.455142 ☎ 725-556-944
🕒 월-토 09:00-22:00 일 10:00-18:00
🍽 망고 치킨 샐러드 Kč155 에스프레소 Kč45
Map → ⑥-D-3

CAFÉ&BISTRO

PLUS INFO

프라하의 오래된 건물에는 '슈퍼 트램프 커피'의 입구처럼 안뜰이나 건물 뒤편으로 나가는 통로가 있는데, 외부에서는 그 끝에 무엇이 있을지 가늠하기 쉽지 않다. 그것은 걷는 시간을 10분 이상 단축해 줄 기막힌 지름길일 수도 있으며, 또 난데없는 변화가일 수도 있다. 어느 건물에 어떤 통로가 있고, 그 끝에 뭐가 나오는지 발견하면서 당신은 이 도시와 친해진다.

14 SUPER TRAMP COFFEE
슈퍼 트램프 커피

노베 므네스토

'Chez Amis'라고 적힌 평범한 건물 안마당에 슈퍼 트램프 커피가 있다. 허름한 석조 난간 밑에 자리 잡은 자그마한 카페는 낮에도 형광등을 켜 둬야 할 정도로 어둡하다. 날이 따뜻해지면 빛바래고 낡은 건물로 둘러싸인 무심한 정원에서 사람들이 과제를 하거나 수다를 떤다. 와이파이도 없고 가끔 레코드판에서 흘러나오는 음악이 튀기도 하는 아날로그적인 매력이 돋보이면서도 트렌디한 공간. 프라하의 바리스타들이 커피 맛집으로 추천할 정도로 커피 역시 훌륭하다.

ⓐ Opatovická 18 메트로 B선 · 트램 나로드니 트르지다 Národní třída역 도보 4분, 트램 라자르스카 Lazarská역 도보 1분
ⓖ 50.079557, 14.418620 ☎ 777-446-022 ⓗ 월-금 08:00-20:00 일 10:00-17:00 토 휴무 ⓡ 핸드드립 커피 Kč70 케틀 롤 Kč45
Map → ②-D-3

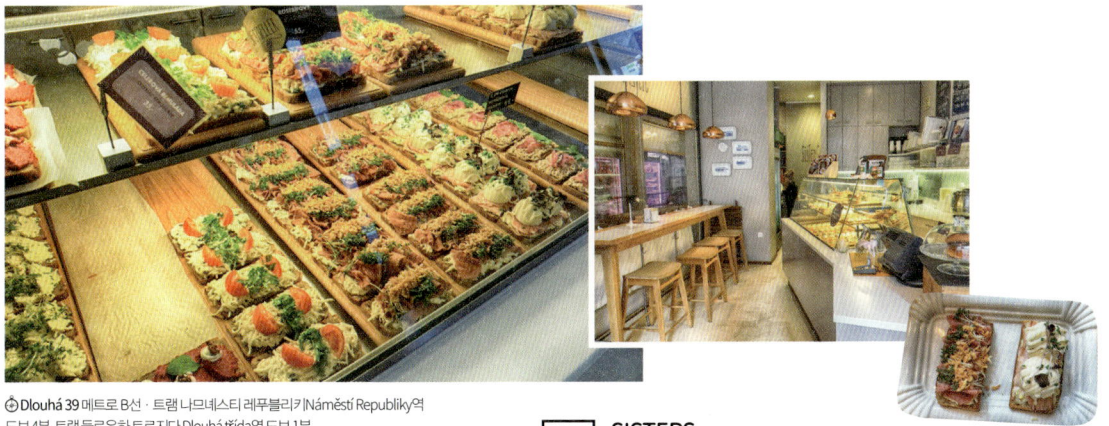

ⓐ Dlouhá 39 메트로 B선 · 트램 나므녜스티 레푸블리키 Náměstí Republiky역 도보 4분, 트램 들로우하트르지다 Dlouhá třída역 도보 1분
ⓖ 50.090828, 14.427002 ☎ 775-991-975
ⓗ 월-금 08:00-19:00 토 09:00-18:00 일 휴무
ⓡ 로스트비프 Kč55 햄과 계란 Kč49
Map → ①-A-2

15 SISTERS
시스터즈

스타레 므네스토

여행자의 가벼운 허기를 달래 주는 데 샌드위치만 한 녀석이 어디 있겠는가. 게다가 이국의 식문화를 탐하는 여행자의 눈까지 즐겁게 해 주는 곳이라면 더할 나위 없으니, 흘레비츠키 전문점 시스터즈는 프라하 여행자가 꼭 들러야 할 곳이다. 작은 곡물 빵 위에 재료를 한 치의 흐트러짐도 없이 아름답게 얹은 그 정성이 대단하다. SNS에 사진을 올리기 딱 좋게 예쁜 모양새와 다양한 재료의 조화로운 맛까지 고루 갖춘 기특한 곳이다.

BOOK CAFE

프라하 북카페 산책

체코 사람들은 애서가愛書家이다. 인터넷은커녕 통화 신호조차 잡히지 않은 메트로 안에서는
그렇다손 치더라도 트램과 버스를 기다리면서까지 책을 읽는 모습을 자주 볼 수 있다.
이런 나라에서 책과 관련된 공간에 가 보는 것은 현지인들의 삶에 한 발 더 다가가는 일이 아닐까.

1 TÝNSKÁ LITERÁRNÍ KAVÁRNA
틴스카 문학 카페 　　　스타레 므녜스토

도대체 오라는 건지 말라는 건지 입구도 찾기 힘들다. 프라하의 가장 혼잡한 관광지 틴성당 주변에서 아는 사람만 안다는 북카페에 들어와 있다는 것 자체만으로 짜릿하다. 오래된 건물의 궁륭식 천장을 그대로 살리고 하얀 회벽에 작은 창문이 난 곳에서 사람들은 짐짓 심각한 표정으로 먼지가 뽀얗게 쌓인 책더미를 뒤지다 한 권을 집어 들고는 자리로 와서 읽는다. 어느 날 가 보면 즉석 콘서트가, 다른 날에는 시 낭송회가 열리기도 한다. 정신 없는 관광지를 벗어나 책 한 권을 벗 삼아 한숨 돌리고 가자.

⌖ Týnská 6 메트로 A선 · 트램 스타로므녜스츠카 Staroměstská역 도보 10분
☏ 50.088431, 14.423659 　224-827-807
⏱ 월-금 11:00-23:00 토일 12:00-23:00
☕ 에스프레소 Kč39 　Map → ①-B-2

2 KNIHKUPECTVÍ A KAVÁRNA ŘEHOŘE SAMSY
북카페 그레고르 잠자 　　　노베 므녜스토

바츨라프 광장 근처 번화가에 꽁꽁 숨겨진 작고 꾸질한(?) 서점 겸 카페. 카프카 《변신》의 주인공 이름을 딴 카페이니만큼 내부는 카프카에 대한 오마주들로 가득하다. 실내 공기는 퀴퀴하고, 영어도 잘 통하지 않는다. 그러나 1993년 벨벳 혁명부터 프라하의 젊은이들이 모여 책을 읽고, 국가의 미래에 대해 토론하거나 체스를 두던 이 작은 카페의 품격은 남다르다. 고요한 가운데 사면에 책을 두고 맛있는 맥주 한잔하는 경험은 지극히 경락. 아직도 이렇게 인간적이고, 서툴고, 느린 공간이 있다는 것에 왠지 모르게 안도하게 된다.

⌖ Vodičkova 30 (우 노바쿠 U Nováků 파사주 내부) 트램 바츨라프스케 나므녜스티 Václavské náměstí역 도보 2분
☏ 50.080599, 14.425378 　730-175-832
⏱ 월-토 09:00-21:00 일 휴무 ☕ 에스프레소 Kč42 　Map → ②-E-2

3 OUKY DOUKY COFFEE
오우키 도우키 커피 　　　레트나

오래되고 촌스러운 인테리어, 색이 바랜 카펫과 삐걱대는 의자, 스프링이 푹 꺼진 소파가 20년이 되었다는 이 헌책방이자 북카페의 역사를 고스란히 담고 있다. 아늑하고 오래된 다락방에 앉아 있는 느낌이랄까. 주로 체코어로 된 책들을 팔지만 작게나마 영어 서적 코너와 LP판 코너도 있다. 이런 곳에 누가 오나 싶었는데 평일에는 직장인들이 아침을 먹거나 점심을 먹으면서 미팅을 하기도 하고, 주말에는 동네 주민들이 맥주 한 잔 시켜서 신문을 읽거나 친구를 만난다.

⌖ Janovského 14 메트로 C선 블타브스카 Vltavská역 도보 6분, 트램 스트로스마예로보 나 므녜스티 Strossmayerovo náměstí역 도보 5분
☏ 50.100341, 14.434791 　266-711-531 ⏱ 08:00-24:00
☕ 에스프레소 1잔이 포함된 멕시코식 아침 식사 108Kč
Map → ⑦-B-1

4 GLOBE
글로브 　　　노베 므녜스토

프라하에 사는 영어권 이방인들의 사랑방이기도 한 이곳에 들어갈 땐 'Dobry den'보다는 'Hello'라고 인사하는 게 더 어울린다. 1993년 오픈한 프라하 최초의 영어 전문 서점이자 카페. 간단한 식사와 음료도 즐길 수 있고 주말에는 브런치도 제공한다. 귀여운 다락에 올라 고른 책 한 권과 시원한 맥주, 그리고 프라하의 이방인들이 모여서 피우는 이야기꽃이 여행으로 지친 당신을 다시 충만하게 해 줄 것이다.

⌖ Pštrossova 6 트램 라자르스카 Lazarská역 도보 5분
☏ 50.078073, 14.416423
　224-934-203
⏱ 월-목 10:00-24:00 금 10:00-01:00 토 09:30-01:00 일 09:30-24:00
☕ 치킨 퀘사디아 Kč150
Map → ②-D-3

5 RYBKA CAFÉ
리브카 카페 　　　노베 므녜스토

'물고기 카페'라는 이름. 물속에서 유유히 흐느적대는 물고기처럼 왠지 모르게 데카당스하면서도 지적인 분위기가 매력이다. 체코어로 된 책만 판매하고 딱히 식사류도 없는 곳이지만, 이 카페에 가서 프라하 사람들의 일상을 관찰해 보자. 장난치는 반려견들을 흐뭇하게 바라보거나 심각한 얼굴로 체스를 두거나 미간에 주름을 잡고 컴퓨터 자판을 두드리며 일하는 프라하 사람들을 만날 수 있다.

⌖ Opatovická 7 트램 라자르스카 Lazarská역 도보 5분, 트램 나로드니 디바들로 Národní divadlo역 도보 6분
☏ 50.079490, 14.417041 　224-931-265
⏱ 월-금 09:15-22:00 토일 10:00-22:00
☕ 에스프레소 Kč42
Map → ②-D-3

EAT UP

DESSERT&SWEETS

달콤한 한입, 황홀한 한입

솔직해지자. 체코의 케이크, 디저트 문화는 척박하다. 공산주의를 거치며 기름지고 값싼 단맛에 익숙해졌고, 2000년대 초반까지 베이킹에서 금기시되는 마가린을 사용하기도 했다. 그럼에도 제대로 된 체코 디저트의 전통을 되살리려는 노력은 계속되고 있다. 어렵고 조심스레 고른 프라하의 디저트 숍들, 바로 여기다.

> **체코의 스타 파티시에 프란티셰크 미샥의 명성을 계승한다!**
> 마사릭 대통령을 비롯해 많은 저명인사들의 생일상에 프란티셰크 미샥František Myšák의 케이크가 오를 정도였다. 공산 정권이 들어서자 숍은 국영화되었고 체코를 떠난 미샥은 1958년 브뤼셀 엑스포에 참가하는 등 국제적인 파티시에로서 명성을 날렸다. 현재(2018년 초) 추크라르나 미샥의 구글 평점은 실제 맛과 서비스에 비해 지나치게 낮은데, 새 주인이 '과거 프라하 최고의 디저트 가게의 전통을 계승하겠다'는 포부 아래 새로운 업체를 등록하지 않고 수년간 쌓인 낮은 평점을 그대로 끌어안고 가기 때문이다.

1 CUKRARNA MYŠÁK
추크라르나 미샥   [노베 므녜스토]

1904년에 오픈한 프라하의 유명 디저트 숍. 굴곡진 역사를 거치면서 겨우 명맥만 유지하던 이곳이 최근 유명 요식 업체가 인수하면서 맛집으로 다시 태어났다. 1층은 오픈 당시의 인테리어를 최대한 살렸고, 오스트리아-헝가리 제국 시절의 살롱을 모던하게 재해석한 2층의 인테리어는 고상하고 우아하다. 페이스트리의 맛은 과거 프라하 최고 디저트 숍의 명예를 되찾기에 충분하다. 게다가 하루 종일 럭셔리한 아침 식사 메뉴가 제공되니 식상한 표현이지만 이런 것을 두고 우리는 '전통과 현대의 완벽한 조화'라 한다.

📍 Vodičkova 31 트램 바츨라프스케 나므녜스티|Václavské náměstí역 도보 1분
🌐 50.081167, 14.424650 ☎ 730-589-249 ⏰ 월-금 07:30-19:00 토일 09:00-19:00
🍰 흘레비츠키 Kč55 바닐라 시럽을 얹은 부흐티 Kč145 Map → ②-E-2

2 IF CAFÉ
이프 카페   [노베 므녜스토]

매장에 들어서면 줄지어 선 사랑스러운 미니 케이크들이 당신을 반긴다. 메뉴판에는 각각의 케이크들이 귀여운 일러스트와 함께 설명되어 있어 무엇을 먹어야 할지 망설이는 당신의 고민을 덜어 준다. 추천 메뉴는 레몬 타르트, 피스타치오 케이크와 캐러멜 슈. 체코 전통 디저트를 시도하고 싶다면 이곳의 미샤와 베네체크도 무난하다. 샌드위치와 간단한 아침 식사 메뉴도 즐길 수 있다.

3 CUKRÁŘ SKÁLA
추크라르즈 스칼라   [노베 므녜스토]

체코의 유명 파티시에가 자신의 이름을 내건 케이크 전문점인 이곳은 불모지와 같았던 체코 페이스트리 계의 단비 같은 곳이다. 커다란 통유리로 된 오픈 키친, 모던하고 세련된 인테리어에 이끌려 들어가게 되면 모양도 예쁘고 맛도 좋은 미니 케이크들이 당신을 기다린다. 버터 향 가득한 브리오슈, 사과가 꽉 찬 사과 파이, 체코 전통 페이스트리까지 모두 훌륭하다. 한 가지 단점이라면 야외 테이블만 있다는 것. 실내에는 서서 먹는 공간만 있다.

📍 V Celnici 6 메트로 B선 · 트램 나므녜스티 레푸블리키 Náměstí Republiky역 도보 3분
🌐 50.087957, 14.430746
☎ 220-199-381
⏰ 월-금 07:30-20:00 토일 09:00-20:00
🍰 망고 무스 케이크 Kč82 딸기 타르트 Kč86
Map → ②-F-1

📍 Tylovo Náměstí 2 메트로 C선 · 트램 이페 파블로바 I.P.Pavlova역 도보 2분
🌐 50.074443, 14.432069 ⏰ 08:00-20:00
🍰 레몬 타르트 Kč79 Map → ②-F-3

DESSERT&SWEETS

4 WAFFLE POINT U KAJETÁNA
와플 포인트 우 카예타나

말라 스트라나

관광객이라면 누구나 하나씩 먹어 봤을 뜨르델닉. 그 생김새도 맛도 거기서 거기인 듯 보이지만 유난히 맛있고 잘 구워 낸 뜨르델닉을 파는 곳은 분명히 있다. 크레페리에 우 카예타나의 뜨르델닉은 흠잡을 데 없이 맛있다고 현지인들도 동의한다. 프라하 사람들도 다른 나라에서 친구가 오면 이곳에 데려와 뜨르델닉을 맛보여 줄 정도. 팔라친키 또한 얇고 촉촉하다. 점차 음식 품목을 다변화해 아침 식사와 와플, 비건용 디저트도 판매한다.

Nerudova 17 트램 말로스트란스케나무네스티 Malostranské náměstí역 도보 6분
☎ 50.088444, 14.399668
☎ 773-011-031
⏱ 09:00-19:00
💰 초콜릿 뜨르델닉 Kč70 뜨르델닉 Kč109
Map → ③-B-1

5 DONUTERIE
도너테리에

스타레 므네스토

맛도 인테리어도 아찔하게 사랑스러운 도넛 전문점. 레트로한 바닥 타일과 욕조를 잘라 만든 카우치, 야무진 초록색 도넛 진열장. 매장 구석구석 어디 하나 눈길을 끌지 않는 곳이 없다. 생블루베리, 땅콩, 코코넛 등 신선한 토핑을 실하게 얹은 이곳의 도넛 또한 주인장의 취향을 반영한 듯 곱게도 생겼다. 주인 자매 미샤와 야나가 새벽마다 매장에서 직접 도넛을 구워내기 때문에 그 신선함과 쫄깃함은 대량으로 생산되는 공장식 도넛과 차원이 다르다.

Náprstkova 9 트램 카를로비 라즈네 Karlovy lázně역 도보 3분, 트램 나로드니 디바들로 Národní divadlo역 도보 6분
☎ 50.084406, 14.416105 ☎ 733-392-789
⏱ 화-일 10:00-18:30 월 휴무
💰 도넛 개당 Kč39 6개 Kč220 Map → ①-C-4

6 CRÈME DE LA CRÈME
크렘 데 라 크렘

스타레 므네스토

'최고 중의 최고'를 뜻하는 표현 '크렘 데 라 크렘'을 이름으로 삼은 이곳의 아이스크림은 크림처럼 진하고 쫀득쫀득하다. 아이스크림이 좋아서 이탈리아를 떠돌아다니며 젤라또 장인들의 기술을 배워온 주인장이 매일 아침 전통적인 방법으로 신선한 젤라또를 만든단다. 한국인들에게는 알려지지 않았지만 이미 현지인과 외국인 관광객에게는 가장 주목받는 아이스크림 가게. 한겨울에도 자리 잡기가 쉽지 않다. 호두 맛, 스트로베리 바질, 피스타치오가 유명하다.

Husova 12 메트로 A선 · 트램 스타로므네스츠카 Staroměstská역 도보 6분
☎ 50.085717, 14.418226
☎ 224-211-035 ⏱ 11:00-23:00
💰 스몰사이즈 1스쿱 콘 Kč45 컵 Kč35
Map → ①-C-3

7 PURO
푸로

스타레 므네스토

젤라또와 아이스크림의 차이를 아는가? 푸로 매장 한쪽 벽에는 아이스크림과 젤라또의 차이가 예쁜 일러스트로 한눈에 보기 좋게 적혀 있어 자신들이 만드는 것은 아이스크림이 아닌 제대로 된 '젤라또'임을 강조한다. 2017년 젤라또 월드 투어에서 독일과 인근 지역 우승자이기도 하다. 달지 않으면서도 부드러운 젤라또의 질감이 멈출 수 없이 계속 먹게 만든다. 본연의 향이 살아 있는 피스타치오 맛과 은근히 중독적인 바질 맛, 흑임자처럼 고소한 양귀비 씨 맛을 추천한다.

Kaprova 11 메트로 A선 · 트램 스타로므네스츠카 Staroměstská역 도보 4분
☎ 50.088227, 14.418322
☎ 602-888-172
⏱ 월-토 10:00-22:00 일 10:00-21:00
💰 1스쿱 Kč40 Map → ①-B-3

SPECIAL

Dobro chuť! 맛있게 드세요! 진짜 체코 음식

꼴레노와 뜨르델닉을 넘어서

돼지 무릎을 요리한 꼴레노와 굴뚝빵으로 알려진 뜨르델닉은 체코를 대표하는 음식이기보다 '프라하 관광지'를 대표하는 음식. 특히 18세기에 헝가리 사람들이 현재 슬로바키아 영토인 스칼리차 지역으로 이주하면서 전해온 뜨르델닉에게 '체코 전통 빵'이란 호칭은 섭섭하다. 체코인들이 먹는 제대로 된 체코 음식을 알고 떠나자.

빵 & 디저트

1 Kremrole 크렘롤 폭신한 빵 안에 달달한 크림을 채웠다. 무슨 말이 더 필요할까.
2 Rohlík 롤릭 체코인들이 주식으로 먹는 단순한 밀가루 맛의 빵. 마트에 가면 비닐봉지 한가득 담는 프라하 사람들을 볼 수 있다.
3 Větrník 베트르닉 오픈된 슈크림 빵이랄까. 부드러운 빵을 반으로 가르고 그사이에 바닐라나 캐러멜 크림을 채웠다. 비슷한 녀석으로 베네첵Věneček이 있다. 이렇게 맛있는 빵이 그동안 알려지지 않은 것은 이 어려운 이름 때문이 아닐까?
4 Chlebíčky 흘레비츠키 체코식 오픈 샌드위치
5 Buchty 부흐티 안에 잼이나 너트, 치즈 등으로 채운 자그마한 번을 베이킹 팬에 다닥다닥 붙여 굽고 먹을 때 한 조각씩 뜯어 먹는다. 바닐라 크림을 끼얹어 먹기도 한다.
6 Koláč 콜라취 동글납작한 밀가루 도우 위에 각종 과일 잼이나 양귀비 씨, 커드, 치즈 등을 얹어 구운 달달한 빵이다. 체코 사람들은 어느 때고 즐겨 먹는 흔한 빵이다. 모라비아에서는 크고 넓게 구워 프루갈Frugal이라고 부르기도 한다.

Best. 카페 사보이(p.072), 추크라르즈 스칼래(p.076), 추크라르나 미삭(p.076)

1

Best. 안토니노보 베이커리 (p.035)

2

Best. 카페 사보이(p.072), 추크라르즈 스칼래(p.076)

3

Best. 추크라르즈 스칼라 (p.076)

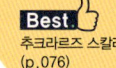

6

Best. 추크라르나 미삭 (p.076)

5

Best. 시스터즈(p.073)

4

음식 & 음료

Na zdraví! 대배!

1 **Vepřová Pečeně 돼지고기구이** 체코 전역에서 볼 수 있는 가장 보편적인 체코 음식. 구운 돼지고기와 약간의 소스, 양배추 절임, 찐빵과 유사한 끄네들릭Knedlík과 함께 낸다.

2 **Svíčková 스비치코바** 소고기 안심을 푹 삶아서 얇게 썬 후에 달달한 소스와 생크림, 라즈베리 소스를 얹어 먹는다.

3 **Pečená Kachna 오리구이** 오리는 체코인들의 흔한 식재료로, 끄네들릭, 양배추 절임과 함께 나오는 오리구이는 어디서든 쉽게 찾아볼 수 있다.

4 **Hovězí Tartar 비프 타르타르** 육회처럼 생소고기를 다진 후 마늘 등 각종 향신료와 섞어 빵에 얹어 먹는다. 최고의 맥주 안주.

5 **Smažený Sýr 치즈 튀김** 삶은 감자, 타르타르 소스와 함께 먹는 치즈 튀김은 체코의 흔한 맥주 안주. 튀기면 고무도 맛있다는데 치즈를 튀겼다 하니 맛이 없을 수가 없다.

1 **Becherovka 베헤로브카** 카를로비 바리의 온천수와 수십 가지의 약초로 담근 체코의 약술. 실제로 소화를 돕는 효과가 있다고 전해진다. 도수는 38%이며 다양한 칵테일의 베이스로도 활용된다.

2 **Bílé Víno z Moravy 모라비아산 화이트 와인** 체코의 동쪽 지역 '모라비아'에서 체코 와인의 96%가 생산되며 특히 화이트 와인의 가성비는 최고. 포도 팔라바Palava는 전 세계에서 80%가 체코, 20%가 슬로바키아에서 재배되는 체코만의 특이한 포도 품종이다. 많이 달지 않으면서 향긋한 과일 향이 일품이다.

3 **Slivovice 슬리보비체** 자두로 담근 와인을 증류시킨 브랜디. 도수 42~45% 정도의 독주이다. 배Hruškovive, 살구Meruňkovice, 사과Jablovice, 체리Třešňovice 등 다양한 과일을 활용해 담글 수 있다.

4 **Limonáda 리모나다** 체코의 리모나다는 레모네이드의 다른 말이 아니라 시럽, 야채, 채소 등으로 만든 청량음료, 즉 에이드류의 통칭이며 특히 여름에는 어디서나 마실 수 있다. 라즈베리 리모나다Malinovká가 가장 대중적이나 엘더 플라워 맛 Bezinková와 오이 리모나다Okurková도 강력 추천!

5 **Kofola 코폴라** 카를로비 바리 온천수와 카페인 함량이 높고 새콤달콤한 맛이 나는 갈색 시럽 '코포Kofo'를 혼합하여 만든 탄산음료. 공산주의 시절 정치인들의 지시에 의해 자유 서방의 상징인 코카콜라를 대체할 음료로 개발되었고 지금은 체코의 국민 음료수가 되었다.

Best. 비노흐라드스키 팔라먼트 (p.081)

1

Best. 밍초브나 레스토랑(p.081)
2

Best. 밍초브나 레스토랑(p.081)

3

Best. 나셰 마쏘(p.085), 로칼(p.080), 칸티나(p.086)

4

Best. 베르나르드 펍(p.093), 마쏘 아 코블리하(p.086)

5

EAT UP

CZECH CUISINE

제대로 즐기는 체코 음식

맛있는 체코 음식점을 찾는 것은 김치찌개 맛집을 찾는 것과 같았다. 현지인들에게는 '집밥'이기에 개인마다 선호하는 식당이 달랐고, 미리 조리된 음식을 데워서 내는 무례한 집들이 한국 관광객들에게는 맛집으로 소문난 경우도 있었다. 그래도 분명 체코 요리에 대한 철학과 프라이드를 가지고 제대로 요리하는 집들은 있다. 여기, 궁극의 체코 음식 맛집들.

Dlouhá 33 메트로 B선 나므네스티 레푸블리키 Náměstí Republiky역 도보 5분, 트램 들로우하트르지다 Dlouhá třída역 도보 2분
50.090663, 14.425813
734-283-874
월-토 11:00-01:00 일 11:00-24:00
슈니첼 Kč219(메뉴 수시 변동)
Map → ① - A - 2

1 RESTAURANT ZVONICE
즈보니체 레스토랑 [노베 므네스토]

16세기에 지어진 인드리슈스카 종탑의 7, 8층에 숨어 있다. 다른 레스토랑에 비해 가격은 비싼 편이나 멧돼지, 사슴, 토끼 등의 체코 전통식 수렵육 요리를 맛볼 수 있고 1518년에 만들어져 프라하에 현존하는 가장 오래된 종 '마리아'를 보며 식사할 수 있는 특별함이 있다.

Jindřišská 14 트램 인드리슈스카 Jindřišská역
50.085191, 14.430109 224-220-009
11:30-24:00 송아지볼살조림 Kč750
Map → ② - E - 2

2 LOKÁL DLOUHÁÁÁ
로칼 들로우하 [스타레 므네스토]

최고로 신선한 맥주를 서빙하기 위해 맥주 탱크에서 탭까지 이어지는 파이프의 길이도 최단거리로 설계했고 고기, 양념, 맥주 모두 최고의 품질로만 공수했다니, 좋은 체코 음식을 만들겠다는 열정으로 디테일 하나하나 깐깐하게 신경 쓴 곳임이 분명하다. 현지인들에게도 '믿을 만한 재료를 쓰는 곳', 그리고 '가장 맛있는 필스너 맥주를 먹을 수 있는 곳'으로 인식되어 있다. 종종 문을 닫고 대청소를 하는 날이 있으니 홈페이지에서 영업시간을 확인하자.

TIP

종탑 입장료는 별도

레스토랑만 가는 것은 티켓을 구매할 필요가 없으나 전망대, 프라하 탑 박물관 등을 들르기 위해서는 입구에서 입장료를 구매해야 한다.

10:00-19:00
성인 Kč140, 학생증 소지자 Kč80, 15세 미만 Kč50

CZECH CUISINE

체코인의 일상식!

Korunní 1 메트로 A선 · 트램 나므네스티 미루Náměstí Míru역 도보 3분 50.075468, 14.438337
224-250-403 월·수 10:45-24:00 목·금 10:45-01:00 토 11:30-01:00 일 11:30-23:30
마리네이드 한 돼지 목살 구이 Kč225 햄과 달걀 등을 넣은 비프롤 Kč249
Map → ⑧-B-3

3 NEXT DOOR BY IMPERIAL
넥스트 도어 바이 임페리얼

카페 임페리얼에서 야심 차게 오픈한 모던 체코 음식점. 고풍스럽고 웅장한 분위기를 내기 위해 인테리어에 공을 많이 들였고, 레시피는 체코 전통음식에 기반을 두지만 동시에 감각적 플레이팅, 전통에 대한 세련된 해석 등 이 시대에 좋은 레스토랑이 갖춰야 할 미덕도 놓치지 않았다. 사슴, 야생 돼지, 토끼 신장 등 체코 수렵육을 거부감 없이 도전해 볼 수 있는 장소가 될 것이다.

Zlatnická 3 메트로 B선 나므네스티 레푸블리키 Náměstí Republiky역 도보 2분, 메트로 A · C선 플로렌츠 Florenc역 도보 7분, 트램 빌라 라부티 Bílá labuť역 도보 3분
50.089965, 14.432055
295-563-440 07:00-23:00
토끼 신장 소테 Kč375
Map → ②-F-1

4 VINOHRADSKÝ PARLAMENT
비노흐라드스키 팔라먼트

우리가 매일 기와집처럼 생긴 식당에서 비빔밥과 불고기만 먹고 살지 않듯, 이들도 매일 칙칙한 목조 건물 안에서 콜레뇨와 스비치코바만을 먹는 것은 아니다. 이곳의 콘셉트는 모던한 분위기에서 즐기는 잘 차려진 체코인들의 일상식이랄까. 촉촉한 식감과 고소한 맛이 살아 있는 '맥주에 마리네이드 한 돼지 목살 구이'를 추천한다.

5 RESTAURACE MINCOVNA
밍초브나 레스토랑

최고의 체코 음식점이라, 기름진 체코 음식에 질린 사람들 마저 맛있다고 감탄을 하게 되는 집이라 계속 찾게 된다. 관광객만이 돌아다닌다 하는 구시가지 광장 바로 옆에 있음에도 많은 현지인들이 찾는 맛집이니 무슨 말이 더 필요한가. 콜레뇨, 염소 치즈 샐러드 등 전통 체코 음식을 시도해 보기 좋다. 평일 점심에 제공되는 런치 메뉴에는 콜레뇨가 없으니 콜레뇨 먹고 싶다면 저녁에 방문하자.

밍초브나 mincovna는 조폐소라는 뜻. 옛 조폐소 건물에 들어가 있다.

Staroměstské náměstí 7 메트로 A선 · 트램 스타로므네스츠키 Staroměstská역 도보 7분
50.088383, 14.421263 727-955-669 11:00-24:00
오리 다리 구이 Kč325 스비치코바 Kč255
Map → ①-B-3

EAT UP

INTERNATIONAL CUISINE

프라하에서 떠나는 세계 미식 여행

세계적인 관광도시답게 다채로운 레스토랑들이 전 세계 미식가들을 유혹한다. 정통 이탈리안부터 아시아에서 영감을 받은 창의적인 퓨전 체코 음식까지. 합리적인 가격으로 당신의 감각을 환기시키는 경험, 기대해도 좋다.

1. LA BOTTEGA BISTROTEKA
라 보테가 비스트로테카

(이탈리안, 스타레 므네스토)

프라하에서 최애 맛집 한 곳을 꼽으라면 주저하지 않고 이곳을 꼽겠다. 간단한 샐러드, 파스타에서부터, 스테이크, 생선, 디저트, 와인, 브런치까지 그 모든 메뉴가 고급 레스토랑만큼 훌륭하지만 분위기는 '비스트로'라는 콘셉트에 맞게 활기차고 젊다. 프라하 물가에 비해서는 가격이 비싼 편이지만 가성비에 있어서도, 또 분위기와 음식면에서도 결코 실망하지 않을 것이다.

Dlouhá 39 트램 들로우하 트르지다Dlouhá třída역 도보 1분
50.090812, 14.427138　222-311-372　09:00-24:00
그날의 스페셜 메뉴 티본 스테이크 700g(2인분, 샐러드 포함) Kč1,365 트러플 소스 Kč60　Map ⋯ ① - A - 2

MUST TRY

① 쏠티 브렉퍼스트 Salty Breakfast
라 보테가에서 자부심을 가지고 선보이는 풍미 진한 이탈리아산 프로슈토와 치즈가 포함되어 있다.

② 그날의 스페셜 스테이크와 트러플 소스
오늘의 스페셜 스테이크를 주문하면 고기를 테이블까지 직접 가지고 와 원산지와 식감, 풍미 등을 친절히 설명해 준다. 신선한 고기를 직접 눈으로 확인하고 고른 만큼 결과는 대만족. 스테이크를 한층 고급스럽게 빛내 줄 트러플 소스도 함께 주문해 볼 것.

트러플 소스와 함께 드세요!

시간이 있다면 여기도!
와인 앤 푸드 마켓

(이탈리안, 스미호프)

자동차 정비소가 럭셔리한 이탈리안 푸드 마켓으로 부활한 곳. 이탈리아산 스테이크, 피자, 티라미수 등을 판매하는데 화덕에서 직접 구운 이탈리아 피자는 언제나 옳다. 정통 이탈리안 피자를 먹으러, 또 폐허 건물이 주는 삭막함과 시끌벅적한 시장통이 주는 활기의 조화를 느끼러 찾아가 볼 만하다.

Strakonická 1 메트로 B선 · 스미호프스케나드라지 Smíchovské nádraží역 도보 5분, 트램 플젠카Plzeňka역 도보 2분
50.063161, 14.410566
733-338-650　09:00-21:00
프로슈토 피자 Kč239(32cm), Kč329(45cm)

082

INTERNATIONAL CUISINE

2 VIETNAMESE CUISINE

A. MADAME LYN RESTAURANT
마담 린 레스토랑

비노흐라디

현지인들이 가장 사랑하는 베트남 식당. 고기를 듬뿍 넣고 육수를 우려낸 쌀국수 포 보 Pho bo의 깊은 맛은 이 식당을 따라올 자가 없고 분 차Bun cha의 고기에서는 숯불 맛이 제대로 난다. 맥주를 과음해 해장이 필요할 때, 체코 음식에 지쳐 아시아 음식이 먹고 싶을 때 마담 린의 은혜로운 레스토랑으로 향하자.

- Šafaříkova 18 트램 브루셀스카 Bruselská역 도보 2분
- 50.071410, 14.434097 ☎ 606-307-777
- 월-금 11:00-22:00 토일 12:00-22:00
- 포보 Kč169 분차 콤보 Kč269 Map → ⑧-A-4

B. BAHN MI MAKERS
반 미 메이커스

노베 므네스토

프랑스가 베트남을 식민 지배하던 시절, 프랑스인들이 바게트 사이에 현지의 식재료를 끼워 먹던 것이 베트남식 샌드위치 '반 미'의 기원. 달달한 소스와 다진 고기가 들어간 속 재료로 프라하 사람들의 입맛을 사로잡아 프라하에는 유난히 반 미 집이 많다. 그중에서도 반 미 메이커스는 바삭하고 고소한 바게트, 달콤하고 진한 소스가 특징이다.

- Palackého 11 트램 보디치코바Vodičkova, 바츨라프스케나므네스티Václavské náměstí역 도보 2분
- 50.081060, 14.423700 ☎ 608-967-210
- 월-금 11:00-22:00 토 12:00-21:00 일 휴무
- 그릴드 포크 반미 Kč105 Map → ①-A-2

PLUS INFO
프라하에서 베트남 음식을 먹어야 하는 이유

슬로바키아와 우크라이나 사람들에 이어 체코에서 세 번째로 많은 수를 차지하는 이민자는 바로 베트남 사람들. 베트남전 당시 체코는 소련의 지시에 따라 북베트남에 무기, 기계 등을 지원했고 베트남은 그 대가로 체코에 공장 노동자를 파견했다. 냉전이 끝난 후 이들은 고국으로 돌아가지 않았고 현재는 오히려 베트남 이주민들이 점차 늘어나고 있는 상황. 어쨌든 체코에 베트남 음식이 전래된 역사는 오래되었지만, 여전히 정통 베트남 스타일이 고스란히 남아 있다. 미슐랭 가이드에서는 2017년부터 전 세계적인 베트남 음식의 붐을 예고했다. 프라하를 보러 왔는데 요즘 핫하다는 베트남 음식도 제대로 즐길 수 있다니 일석이조 아닌가.

프라하에서는 꼭 베트남 음식을!

INTERNATIONAL CUISINE

3 AGAVE
아가베 〔멕시칸, 스타레 므네스토〕

'품위 있는 멕시칸 다이닝'을 표방하는 레스토랑이다. 입에서 치즈처럼 살살 녹는 아보카도 튀김, 새콤달콤 소스와 농어살이 돋보이는 세비체 등 멕시칸 음식뿐 아니라 다른 메뉴도 모두 기대 이상. 마가리타 또한 유명한데 생과일을 갈아 넣은 것이 특징이다.

ⓐ Masná 2 메트로 A선 · 트램 스타로므네스츠카 Staroměstská역 도보 10분, 트램 들로우하 트르지다 Dlouhá třída역 도보 5분 ⓖ 50.089305, 14.423245 ☎ 607-057-354
ⓞ 일-화 12:00-23:00 수-목 12:00-24:00 금-토 12:00-01:00
🍴 비프 퀘사디아 Kč295 프로즌 망고 마가리타 Kč190 Map → ①-B-2

4 TAPAS BAR MIRÓ
타파스 바 미로 〔스페인, 스미호프〕

가격은 비싸지만 스페인 음식을 제대로 차려낸다. 아라베스크 문양의 타일로 포인트를 준 인테리어와 벽에 걸린 하몽이 마치 스페인의 고급 레스토랑에 와 있는 느낌을 준다. 특히 하몽 중의 최상급인 하몽 이베리코 데 베요타 Jamón ibérico de bellota는 꼭 먹어 봐야 한다. 그 섬세한 마블링과 진하고 고소한 향이 예술이다.

ⓐ Štefánikova 46 트램 슈반도보 디바들로 Švandovo divadlo역 도보 1분 ⓖ 50.077470, 14.404462 ☎ 257-314-220
ⓞ 월-금 11:30-24:00 토 17:00-24:00 일 17:00-23:00
🍴 갈리시아식 문어 Kč128 해산물 빠에야 1인분 Kč389 Map → ④

5 JAM&CO
잼앤코 〔아시안 퓨전, 비노흐라디〕

체코인 셰프가 현지의 신선한 식재료로 구현해 낸 아시안 음식과 유러피언 다이닝의 트렌디한 조화. 실험정신이 돋보이는 담음새에서부터 푸짐하고 실한 내용물까지 한 그릇의 음식에서 셰프의 정성이 듬뿍 느껴진다. 환하고 모던한 실내 인테리어와 흥겨운 라운지 뮤직, 쾌활한 스태프들의 응대는 이곳의 또 다른 매력이다.

ⓐ Krymská 1 트램 크림스카 Krymská역 도보 1분
ⓖ 50.071720, 14.447075
☎ 777-133-616 ⓞ 11:00-23:00
🍴 통삼겹이 들어간 탄탄라멘 Kč195
Map → ⑧-C-4

6 BRUXX
브룩스 〔벨기에, 비노흐라디〕

제이름이 콱이에요!

인테리어부터 벨기에 느낌을 그대로 살렸으며 코코뱅, 양파 수프와 같은 프렌치식 벨기에 음식들도 무난하다. '비어 소믈리에'를 따로 두고 있는 레스토랑답게 생맥주부터 병까지 다양한 벨기에 맥주를 갖추고 있다. 흔히 '핑크 코끼리 맥주'라 부르는 델리리움과 독특한 잔으로 이목을 끄는 벨기에 에일 콱도 갖춰놓았다.

ⓐ Náměstí Míru 9 메트로 A선 · 트램 나므네스티 미루 Náměstí Míru역 도보 1분 ⓖ 50.075435, 14.438042 ☎ 224-250-404
ⓞ 월-수 11:00-24:00 목-금 11:00-01:00 토 11:30-01:00 일 11:30-23:30
🍴 화이트와인 홍합찜 Kč290 콱 0.33L Kč97
Map → ⑧-B-3

7 PAPRIKA
파프리카 〔이스라엘, 비노흐라디〕

우리에게는 아직 낯선 이스라엘 음식 전문점. 건강에 좋은 음식들이 정갈하게 나오는 데다 가격마저 합리적이라 오픈한 지 1년도 안 되어 인기 맛집이 되었다. 원하는 재료와 소스 등을 각각 골라서 나만의 이스라엘식 샌드위치를 만들어 먹을 수도 있고, 2인용 '타파스' 메뉴를 시키면 이곳의 메인 음식을 조금씩 맛볼 수 있다.

ⓐ Rumunská 16 메트로 C선 · 트램 이페파블로바 I. P. Pavlova역 도보 3분
ⓖ 50.073834, 14.432116 ☎ 727-967-540
ⓞ 월-금 11:00-22:00 토-일 휴무 🍴 2인용 타파스&샐러드 Kč399
Map → ⑧-A-3

MEAT

육식주의자들의 천국

고기 성애자인 당신, 프라하에 온 것을 환영한다.
바다가 없는 나라 그런지 체코인들의 고기 사랑은 유별나고
프라하엔 신선한 체코산 고기를 합리적인 가격에 즐길 수 있는
레스토랑이 즐비하고 프라하에서는 매끼 육식을 해도 모자란다.

1 NAŠE MASO
나셰 마쏘   [스타레 므네스토]

체코 최고의 고기를 정통 체코 방식으로 취급한다는 자부심으로 가득한 정육 식당이다. 테이블도 몇 개 없고 무척 협소하나 매일 문전성시를 이루는 자타 공인 프라하 최고의 고깃집. 한국에서는 비싸서 먹기 쉽지 않은 특수부위를 상대적으로 저렴한 가격에 맛볼 수 있다.

📍 Dlouhá 39 트램 들로우하트르지다Dlouhá třída역 도보 1분
📍 50.090810, 14.427026 ☎ 222-311-378 🕐 08:00-22:00 일 휴무
🍴 드라이 에이징 등심 스테이크 258g Kč335 드라이 에이징 햄버거 Kč205
(매장에서조리 시 Kč80 추가) Map → ①-A-2

MUST TRY

① 드라이 에이징 햄버거(Stařený hamburger)
드라이 에이징 햄버거는 진한 고기의 풍미가 특징. 고기 자체의 맛을 즐기고 싶다면 번과 채소 없이 햄버거 패티만 구워 달라고 주문할 수 있다.

② 소고기 소시지(Hovězí párek)
담백하고 고소한 맛이 일품. 돼지고기를 먹지 않는 이슬람교 국가에서는 흔한 메뉴이지만 한국에선 쉽게 찾아볼 수 없다.

③ 행어 스테이크(Veverka)
맛이 특히 좋아서 푸줏간 주인이 가족들을 위해 따로 떼어 걸어 놓았다고 해서 '행어 스테이크', 혹은 '붓처스 컷'으로 불리는 귀한 부위. 고가의 부위지만 한국보다 훨씬 저렴한 가격에 접할 수 있다.

---

2 BÍLÁ KRÁVA
빌라 크라바   [비노흐라디]

프라하에서 유일하게 스파이더 스테이크를 취급하는 곳. 스파이더 스테이크는 소의 뒷다리와 엉덩이를 연결하는 얇은 살로, 마블링이 방사형으로 형성되어 있는 모습이 마치 거미줄 같다고 해서 이런 이름이 붙었다. 소 한 마리당 소량만 나오는 데다 살을 발라내기가 쉽지 않아 귀한 부위로 꼽히며, 고유의 쫄깃함과 고소한 풍미가 뛰어나 '식감과 풍미를 모두 갖춘 부위'라는 평을 받고 있다. 고급 특수 부위를 합리적인 가격에 시도할 수 있는 기특한 레스토랑이다.

📍 Rubešova 10 메트로A선 무제움Muzeum역 도보 6분, 트램 무제움Muzeum역 도보 2분
📍 50.077787, 14.432703 ☎ 224-239-570 🕐 월-금 11:30-23:00 토 17:00-23:00
🍴 스파이더 스테이크 200g Kč350 Map → ⑧-A-3

EAT UP

MEAT

셀프서비스!
칸티나는 '구내식당'이라는 뜻의 식당 이름처럼 주문은 셀프로 이루어진다. 들어갈 때 그날의 메뉴가 적힌 작은 종이를 받아서 자리를 잡고 원하는 곳으로 가서 음식을 주문하면 직원이 종이에 주문 내역을 표시해 준다. 결제는 나가는 길에 계산대에서 하자.

3 KANTÝNA
칸티나 〔노베 므네스토〕

좋은 고기를 선정하고 다듬는 푸주한의 장인정신과 제대로 된 체코 음식을 만든다는 셰프의 열정이 한 곳에서 만났다. 나셰 마쏘와 같은 고기를 특별한 오븐으로 조리해 또 다른 스테이크의 질감을 느낄 수 있다. 고기에 곁들여 먹는 치미추리와 커피 소스는 개운한 맛을 준다. 신선한 체코 고기로 만든 명품 체코식 한 끼를 경험해 보자.

🚇 Politických vězňů 5 메트로 C선 흘라브니 나드라지 hlavní nádraží역 도보 7분, 트램 인드르지슈스카 Jindřišská역 도보 4분
📍 50.083363, 14.428693
☎ 734-172-398
🕐 11:30-23:00
🍴 돼지목살 튀김과 구운 야채 Kč283(메뉴가 수시로 바뀌니 참고)
Map → ②-E-2

4 MIKROFARMA
 미크로파르마 〔지즈코프〕

브루노에 본점이 있는 정육점 겸 비스트로가 모라비아를 평정하고 2017년 12월 프라하에 진출했다. 체코 내에서 생산한 우수 등급 고기만을 선정해 판매하고, 모든 농장과 직거래하면서 모든 상품의 생산 이력을 투명하게 공개하고 있다. 버거, 샌드위치, 스테이크 등 음식들 또한 오픈 초기부터 범상치 않았는데 아니나 다를까 '프라하 최고의 버거 맛집 2019년 버전'에서 이곳의 버거가 5위를 차지했다. 나셰 마쏘와 견줄 만한 또 하나의 고기 맛집 탄생!

🚇 Náměstí Jiřího z Poděbrad 9 메트로 트램 이르지호 즈 뽀데브라드 Jiřího z Poděbrad역 도보 2분
📍 50.078563, 14.449876
☎ 226-228-188
🕐 월 11:00-22:00 화-금 08:00-22:00 토일 09:00-22:00
🍴 더블 치즈 버거 Kč220
뉴욕 핫도그 Kč135
Map → ⑥-F-3

5 HILLBILLY
 힐빌리 〔홀레쇼비체〕

진한 버터 향을 풍기는 촉촉한 번이 푸짐한 채소와 진한 소스, 미디엄으로 익혀진 두툼한 패티를 살포시 품고 있는 버거의 맛이 감격스럽다. 바비큐 소스의 단맛과 부드러운 마요네즈가 섞인 'BBQ 마요' 소스에 찍어 먹는 감자는 멈출 수가 없다. 버거 한입에 다이어트를 포기하고, 감자 한입에 절주 선언을 포기하게 될 것이다. 힐빌리 버거 만세! 당연히 예약이 필수다.

🚇 Podplukovníka Sochora 21 트램 스트로스마예로보 나므네스티 Strossmayerovo náměstí역 도보 3분
📍 50.099638, 14.433738
☎ 774-156-735 🕐 화-금 16:00-22:00
토 12:00-22:00 일 12:00-21:00
🍴 더티 산체스 버거 Kč199
감자튀김 Kč45 BBQ 마요 Kč30
Map → ⑦-B-1

MEAT

6　BAD JEFF'S BARBEQUE
배드 제프스 바비큐　비노흐라디

레스토랑의 이름과 달리 이런 극강의 바비큐를 만들어 내는 셰프인 제프는 선량하고 인정 넘치는 사람임이 분명하다. 미국에서 이미 다수의 바비큐 레스토랑을 오픈한 경험이 있는 미국인 셰프가 프라하로 건너와 선보이는 치킨 윙은 전설적이고, 달콤한 소스를 겹겹이 발라 구운 립은 완벽하다. 손가락을 쪽쪽 빨아먹을 정도로 맛있다는 영어 표현 'Finger licking good'의 참 의미를 이곳에서 깨달을 수 있을 것이다.

⌂ Americká 32 메트로 A선·트램 나므녜스티 미루 Náměstí Miru역 도보 4분
☏ 50.073427, 14.437662　774-402-235
⌚ 월 18:00-23:00 화-금 12:00-15:00 18:00-23:00 토 12:00-23:00 일 휴무　양지살 바비큐 Kč395
Map → ⑧-B-4

7　DISH
디쉬　비노흐라디

2012년부터 프라하에 '버맥' 열풍을 선도한 곳. 친숙한 미국식 버거뿐 아니라 염소 치즈가 들어간 버거, 양고기 패티가 들어간 버거 등 창의적인 메뉴가 돋보인다. 시원한 소규모 양조장 맥주와 파슬리와 마늘이 곁들여진 '비스트로 감자튀김'도 잊지 말고 맛보자. 디쉬 이후 수많은 버거 비스트로가 새로 생겼지만 여전히 많은 사람들이 찾는다. 여행 사이트 Big7가 실시한 설문 조사에서 '유럽 최고의 버거' 50곳 중 3위에 올랐다.

⌂ Římská 29 메트로 B선·트램 나므녜스티 미루 Náměstí Miru역 도보 5분, 트램 이탈스카 Italská역 도보 3분
☏ 50.077098, 14.436153　222-511-032
⌚ 월-토 11:00-22:00 일 12:00-22:00
디쉬버거 Kč225 비스트로 감자튀김 Kč72
Map → ⑧-A-3

버맥 열풍의 선두주자

8　WINGHAUS
윙하우스　비노흐라디

이 맛있는 체코 맥주와 함께 제대로 된 '윙맥'을 먹고 싶다면 이곳으로 오라. 프라하에 최초로 생긴 치킨 윙 전문점. 신선한 닭을 튀겨 직접 개발한 소스들로 버무린다. 11가지 소스 중에서 몇 가지를 고를 수 있는데, 추천하는 소스는 더 제프, 데리야키, 비 스팅, 망고 하바네로. 인근에 위치한 소규모 양조장 '비노흐라드스키'의 맥주도 곁들이자.

⌂ Vinohradská 32 메트로 A·C선 무제움 Muzeum역 도보 10분, 트램 이탈스카 Italská역 도보 4분
☏ 50.077555, 14.438030　725-955-195
⌚ 월-목 11:00-22:30 금토 11:00-23:00 일 12:00-22:00
클래식 윙 12조각에 소스 2개 선택 Kč199
Map → ⑧-B-3

9　GEORGE PRIME BURGER
조지 프라임 버거　노베 므네스토

2013년 프라하 최초로 USDA 프라임 스테이크(미국 농무부가 인정한 최상급 스테이크) 전문점을 낸 조지 프라임 스테이크에서 버거 레스토랑도 오픈했다. 스테이크의 명성이 워낙 뛰어나 오픈하기 전부터 많은 기대를 모았는데 역시 그 기대를 저버리지 않았다는 평이 우세하다. 다만 한국인의 입맛에 살짝 짜게 느껴지는데, 그래도 관광지 한복판에 이 정도 맛과 분위기라면 퍽 훌륭하다.

⌂ Vodičkova 32 메트로 A선 무스텍 Můstek역, 트램 바츨라브스케 나므네스티 Václavské náměstí역 도보 1분
☏ 50.081110, 14.424916　222-946-173
⌚ 11:00-23:00
블랙 트러플 버거 Kč265 감자튀김 Kč55
Map → ②-E-2

조지 프라임 스테이크와 형제

VEGETARIAN RESTAURANTS

1 ESTRELLA
에스트렐라

노베 므네스토

구불구불하고 좁은 골목길에 숨어 있는 이곳은 뛰어난 요리와 고급스러운 분위기, 합리적인 가격으로 프라하 최고의 비건 레스토랑으로 손꼽힌다. 채식 안주와 함께 와인과 칵테일을 마시러 오는 사람들도 있고, 회식과 같은 모임도 이루어지는 것을 보면 이들에겐 채식 레스토랑이 자연스러운 생활의 일부라는 것을 알 수 있다. 워낙 인기가 많으니 점심, 저녁 피크 타임에는 예약을 권한다.

📍 Opatovická 17 트램 미슬리코바Myslíkova역 도보 3분, 트램 라자르스카Lazarská역 도보 4분
📞 50.079777, 14.418261
📞 777-431-344 🕐 11:30-22:30
🍴 콜리 플라워 리조토 Kč275
Map ⋯ ②-D-2

그린 그린 테이블

건강, 환경 보호, 동물 복지 등에 대한 논의가 앞서 있는 유럽에서 채식은 결코 '편식'도, '금욕'도 아니며 그저 하나의 라이프스타일이다. 전통적으로 고기를 사랑하는 체코인들이지만 최근 프라하는 유럽에서도 '채식하기 좋은 도시'로 급부상 중이다.

2 ETNOSVĚT
에트노스비엣

노베 므네스토

채식 메뉴의 고급화와 다변화를 지향하는 레스토랑. 프렌치 스타일에 기초한 창의적인 조리법, 고급스러운 플레이팅으로 채식주의자가 아닌 사람도 반할 수밖에 없는 곳이다. 다른 레스토랑에 비교해 가격이 높은 편이나 데일리 런치 메뉴는 합리적인 가격에 이용할 수 있다. 후식으로 나오는 비건 케이크까지 맛있으니 여기서 식사를 하다 보면 당장이라도 채식주의자가 될 수 있을 것 같다.

📍 Legerova 40 메트로 C선 · 트램 이페 파블로바I.P.Pavlova역 도보 7분
📞 50.073098, 14.430730 📞 226-203-880
🕐 월-목 11:30-16:00 17:00-23:00 금토 11:30-16:00 17:00-23:30
일 12:00-16:00 17:00-23:00
🍴 프렌치프라이를 곁들인 채식 버거 Kč265
Map ⋯ ②-F-4

VEGETARIAN RESTAURANTS

Tripful — EAT UP

ⓘ Nerudova 36 트램 말로스트란스케나므네스티
Malostranské náměstí역 도보 6분
◉ 50.088579, 14.398260
☎ 735-171-313 ⓒ 11:30-21:30
🍴 스비치코바 Kč239 Map … ③-B-1

3 VEGAN'S PRAGUE
비건스 프라하

 말라 스트라나

채식주의자는 고기 위주인 체코 전통 음식을 먹어볼 수 없는 것일까? 비건스 프라하에서라면 가능하다. 템페(쫄깃한 식감의 발효 콩 요리)로 만든 스비치코바와 감자 굴라쉬도 제법이다. 목조 천정과 서까래가 다 드러난 내부는 아늑하고, 게다가 프라하성이 바라다보이는 루프톱 좌석은 비건스 프라하의 백미. 현지인과 관광객 모두에게 사랑받는 곳이므로 여름 성수기에는 예약이 필수. 프라하성을 방문하는 날, 예약하는 수고를 감수하고서도 찾아가 볼 만하다.

ⓘ Nádražní 102 메트로 B선·트램 안델And려역 도보 5분
◉ 50.069956, 14.405627
☎ 736-115-336
ⓒ 월-목 11:00-23:00 금토 11:00-24:00 일휴무
🍴 화이트빈 버거 Kč195 (메뉴 수시 변동)
Map … ④

4 PASTVA
파스트바

스미호프

동네마다 파스트바 같은 레스토랑이 많아지면 채식하기 참 쉬울 것 같다. 거창할 것 없지만 편안한 분위기가 우리네 '백반집' 느낌을 준다. 자극적이지 않은 맛, 단순한 조리법이지만 메뉴마다 정성과 건강함이 가득 담겨 있다. 식사 시간에는 주변 사무실에서 식사하러 온 직장인들로 항상 붐빈다. 완두콩, 렌틸콩으로 만든 버거와 가끔 점심 특선 메뉴로 맛볼 수 있는 선분홍 빛의 비트 파스타는 강력 추천 메뉴.

SPECIAL

CZECH BEER
알고 마시면 더 맛있다, 그냥 마셔도 맛있지만!

체코가 전 세계에서 1인당 맥주 소비량 1위라는 이야기는 유명하다.
체코 속담에 '맥주를 양조하는 곳에서는 모든 일이 잘 되고, 맥주를 마시는 곳의 삶은 어디든 행복하다'라는
말이 있으니 맥주는 체코인들이 생각하는 행복한 삶의 필요조건 정도 되겠다.

화창한 여름날, 공원 비어 가든에 가족들이 오붓하게 앉아 단란한 한때를 즐기고 있다. 어른들 앞에는 맥주가, 꼬마들 앞에는 주스가 놓여 있다. 갑자기 아빠가 꼬마에게 맥주잔을 내밀며 묻는다. "한번 먹어 볼래?" 꼬마는 호기심 반, 걱정 반으로 눈을 빛내며 눈앞에 놓인 황금빛 액체에 입을 갖다 대지만, 입안에 퍼지는 쓰디쓴 맛에 곧 얼굴을 찌푸리며 고개를 가로젓는다. 그런 꼬마의 모습이 귀여워 가족들은 한바탕 웃음을 터뜨린다. 수많은 체코인들이 맥주를 처음 맛보는 순간은 대개 이런 식이다. '어떻게 아이에게 술을 권할 수 있나?' 싶을 테지만 체코인에게 맥주는 단순한 술과는 조금 다르다. 그들이 성인이 된 후 일생을 함께 보내는 일상적 음료에 가깝다.

체코 맥주 양조의 역사

체코 맥주가 맛있는 이유는 보헤미아 지방에서 생산되는 양질의 홉 덕분이다. 홉의 암꽃이 맥주 원료로 쓰여 특유의 쌉싸름한 향을 낸다. 보헤미아 지역에서는 903년부터 홉을 재배했고, 이 홉이 좋은 향으로 유명해지면서 성 바츠라프는 홉 순을 국외로 반출하는 자는 사형에 처하도록 명했다 하니 과연 그 당시부터 홉은 보헤미아의 보물이었다. 맛있다는 독일 맥주도 보헤미아 지역의 홉을 가져다 만든 것이다. 이처럼 체코 맥주의 진가를 알았던 통치자들은 체코 맥주를 보호하고 품질을 개선하기 위한 국가적 지원을 아끼지 않았고, 국가의 비호 아래 체코의 맥주 산업은 크게 융성할 수밖에 없었다.

체코는 세계 최초로 라거 스타일의 맥주를 탄생시킨 곳이다. 라거 맥주를 생산하기 위해서는 대형 생산 설비가 필수인데, 18세기 플젠 지역의 양조장들이 연합해 대규모 양조 시설을 만들었고 이를 바탕으로 요제프 그롤이 하면下面 발효를 시도하면서 라거 맥주가 세상에 태어났다. 이것이 체코 대표 맥주 '필스너 우르켈'의 시작. 라거를 '필스너 스타일'이라고도 하는데, '플젠'의 독일어식 발음이 널리 퍼진 것이다. 기존의 맥주와 달리 불순물이 없어 깔끔한 맛과 영롱한 호박색을 특징으로 한다.

20세기 초까지만 해도 체코 전역에 1,000개가 넘는 양조장이 있었다고 한다. 그러나 공산주의 정권은 맥주를 싼값에 대량으로 생산할 수 있는 소수의 기업을 운영하는 데에만 집중했고, 여타 소규모 양조장들이 모두 고사하면서 맥주 산업의 다양성도 사라졌다. 공산주의 정권의 몰락 이후, 많은 체코 맥주 기업들이 세계적인 주류 회사에 넘어갔고(벨기에의 에이비인베브AB InBev사가 소유하고 있던 필스너 우르켈은 2017년 아사히 맥주의 소유가 되었다), 최근 들어서야 다시 체코 곳곳에서 소규모 양조장들이 부활하고 있다.

11도? 12도? 맥주 옆의 숫자는 무엇?

생맥주를 시키러 메뉴판을 펼치면 맥주 이름 옆에 숫자가 적혀 있는 것을 발견할 수 있다. 보통은 10°~12°가 가장 흔한데 얼핏 보면 알코올 농도를 나타내는 것이라 여기고 '11도도 되다니, 체코 맥주는 참 세구나' 하고 착각하기 쉽다. 그러나 이것은 알코올 도수가 아니라 '맥아즙 내 당의 농도'를 표기하는 '플라토 스케일Plato Scale'이라는 단위이며, 11°는 '11도'가 아니라 '11 디그리 플라토 Degree Plato'라고 읽는다.

효모가 당분을 흡수하여 이산화탄소와 알코올을 배출하는 것이 발효주를 만드는 기본 원리. 이 효모가 먹는 당분에 해당하는 것이 맥주에서는 보리인 것이다. 맥주를 만들 때 싹을 틔운 보리의 맥아를 곱게 빻아 끓인 후 걸러낸 액체를 넣는데 그 액체가 바로 '맥아즙'이다. 그래서 11°는 맥아즙 속에 11%의 당이 들어가 있다는 뜻이며, 맥아즙 속에는 더 많은 당이 들어가 있을수록 효모는 더 많은 알코올을 생산해 내니 플라토 스케일의 숫자가 높을수록 알코올 도수가 높고 쌉쌀한 맥주가 생산된다는 것을 추측할 수 있다.

플라토 스케일로부터 알코올 도수를 추측해 내는 법은 간단하다. 플라토 스케일의 숫자를 2.4로 나누면 되는 것. 10° 맥주는 약 4.5%, 11° 맥주의 도수는 약 5% 정도 된다.

같은 맥주, 다른 느낌. 다양한 푸어링 스타일을 즐기자

맥주 전문가들은 푸어링(Pouring, 탭에서 잔에 맥주를 따르는 방법)에 따라 맥주의 맛과 향이 달라진다고 한다. 푸어링에도 숙련된 기술이 필요하고, 체코의 수많은 맥주 마스터들은 이 푸어링 기술을 모두 숙지하고 있다. 체코 맥주 전문점에서만 볼 수 있는 신기한 푸어링 기술, 취향껏 골라 마시자.

Hladinka 흘라딩카
거품이 컵의 4분의 1이상의 비율을 차지하도록 하여 한 번에 따른다. 체코 라거에 가장 적합하고 흔한 푸어링 스타일이며, 맥주가 가진 특성을 가장 잘 살리는 방법이다. 제대로 된 흘라딩카 방식으로 담긴 맥주는 마실 때 선명한 '엔젤 링'을 남긴다.

Na dvakrát 나 드바크랏
거품과 맥주의 비율을 흘라딩카와 같으나 두 번에 나누어 따른다. 탄산이 많이 발생해 맥주가 가진 청량감과 쌉싸름한 맛을 더욱 강하게 느낄 수 있다.

Šnyt 슈니트
맥주의 양이 4분의 1 정도 되며 나머지는 두꺼운 거품으로 덮는데, 잔을 다 채우지 않고 위에 살짝 빈 공간을 남겨두는 것이 특징. 맥주 한 잔을 다 마시기에 부담스러운 사람들을 위한 맥주다.

Mliko 믈리코
바닥 부분의 약간의 맥주를 제외하고는 거품으로 잔을 가득 채운다. 맥주의 아로마를 극대화할 수 있는 푸어링 스타일. 달콤하면서도 크리미한 맛이 특징. '맛있다고 먹다가 훅 가는 맥주'라 조심해야 한다.

Čochtan 초흐탄
거품이 없이 맥주만 담는다. 체코 라거 맥주에 어울리는 푸어링 스타일은 아니다.

Řezané 르제자네
'커트 맥주'라고도 불리는데 한 잔에 두 가지 종류의 맥주를 반반씩 섞이지 않도록 따르는 것이다. 맥주 칵테일을 만들 때 쓰인다.

PLUS INFO

필스너 우르켈 선정 '브루어스 스타 Brewer's Star'

체코의 대표 맥주 필스너 우르켈. 어디에 가면 최고의 필스너 우르켈을 마실 수 있을까? 올해부터 필스너 우르켈에서는 까다로운 자체 기준을 충족하는 필스너 우르켈 제공 펍 리스트를 공개하기로 했다. 필스너 우르켈을 대표하는 맥주 전문가들이 전국의 수천여 곳의 필스너 우르켈 판매 펍들을 수차례 방문해 맥주의 온도, 파이프의 청결함, 탭스터의 푸어링 기술 등을 종합적으로 평가한 후 브루어스 스타로 선정한다. 프라하에 있는 121개의 브루어스 스타 중에서 관광지에 인접한 곳들만 추려 봤다.

1. 쿠힌Kuchyň : Hradčanské Náměstí 1
2. 칸티나 Kantyna (p.086)
3. 콜코브나 첼니체 Kolkovna Celnice : V Celnici 1031/4
4. 우 핀카수 Restaurace U Pinkasů : Jungmannovo Náměstí 15
5. 티스카르나 Tiskárna : Jindřišská 22
6. 코즈로브나 아프로포스 Kozlovna Apropos : Křižovnická 4
7. 로칼 들로우하 Lokál Dlouhá (p.080)
8. 민초브나 레스토랑 Restaurance Mincovna (p.081)
9. 코줄로브나 틸락 Kozlovna Tylák (p.092)
10. 콜코브나 올림피아 Kolkovna Olympia (p.092)

EAT UP

BEER

체코 맥주에는 구멍이 없다

이미 한국 대형마트에서 웬만한 체코 맥주는 다 구할 수 있다고 하지만 저온 살균을 거치지 않고 현지에서 직접 마시는 생맥주의 신선함과 뛰어난 맛과는 비교할 수 없을 것. 메이저 맥주 회사에서 직영하여 신선한 맥주를 마실 수 있는 레스토랑과 최근에 붐을 이루고 있는 크래프트 맥주 펍을 소개한다. 온종일 돌아다니며 이 맥주 저 맥주 마시다 보면 체코 맥주에는 역시 구멍이 없다는 결론에 다다르게 된다.

1 KOLKOVNA OLYMPIA
콜코브나 올림피아

스미호프

1903년부터 이 자리에 있었던 레스토랑을 2003년에 필스너 우르켈이 인수해 이 식당을 열었다. 관광지에서 접근성이 좋은 콜코브나 체인점 중에서 올림피아 지점이 가장 한적하고 평이 좋다. 필스너 우르켈의 역사를 기리는 인테리어로 꾸며진 곳에서 체코 최고의 맥주 바텐더들이 따르는 필스너 우르켈을 맛보자. 진한 황금빛의 컬러, 세밀한 거품, 쌉싸름하고 강하면서도 균형 잡힌 맛. 필스너 우르켈을 따라올 라거가 또 있을까.

Vítězná 7 트램 우예즈드Újezd역 도보 2분
50.081126, 14.406707
251-511-080 월-금 11:00-24:00 토일 11:00-23:00
스비치코바 Kč189 필스너 우르켈 0.5L Kč49
Map → ③-C-2

2 POTREFENÁ HUSA PLATNÉŘSKÁ
포트레페나 후사 플랏네르즈스카

 스타레 므네스토

1869년부터 프라하 시내 스미호프에서 생산되는 프라하의 자존심, 스타로프라멘에서 직영하는 맥주 전문 체인점으로 시내에 여러 지점이 있다. 콜코브나가 전통과 역사를 중시하는 인테리어 콘셉트를 가지고 있다면 후사는 젊고 모던한 분위기를 선보인다. 음식도 깔끔하고 정갈한 스타일. 한국 관광객에게 잘 알려진 부드러운 벨벳 맥주도 스타로프라멘에서 생산하는 것으로, 프라하 전역에서 벨벳 맥주가 가장 까다롭게 관리되고 신선한 곳도 이곳이다.

Platnéřská 9 메트로 A선 · 트램 스타로므네스츠키|Staroměstská역 도보 3분
50.087283, 14.415743 266-311-497
월-토 11:00-24:00 일 12:00-23:00
스타로프라멘 11° 0.4L Kč47
Map → ①-B-4

3 KOZLOVNA TYLÁK
코즐로브나 틸락

 비노흐라디

전 세계적으로 가장 많이 팔리는 체코 맥주는 놀랍게도 필스너 우르켈이 아니라 바로 코젤. 흑맥주의 씁쓸함을 즐기지 않는 사람도 그 향긋한 커피과 캐러멜 향의 달콤함 덕분에 쉽게 마실 수 있다. 시내 곳곳의 코즐로브나지점 중 이곳이 비교적 여유롭고 시원한 통유리 밖으로 지나가는 사람들과 트램을 바라보며 '낮맥' 하기에 좋다. 코젤을 그냥 먹는 것도 좋지만 라거와 반씩 섞어 먹는 르제자네 스타일로 먹으면 그 향을 더욱 선명하게 느낄 수 있으니 시도해 보자.

Bělehradská 110 메트로 C선 · 트램 이페파블로바I.P. Pavlova역 도보 3분
50.074910, 14.432749 605-578-787
월-금 11:00-24:00 토 11:30-24:00 일 11:30-23:00
치킨 윙 Kč209 코젤다크 0.3L Kč36
Map → ⑧-A-3

BEER

4 U KUNŠTÁTŮ
우 쿤슈타투

 스타레 므녜스토

소규모 양조장의 로컬 맥주만을 전문적으로 취급하는 곳으로, 한정판 맥주를 구비해 놓는 일도 게을리하지 않는 등 '열일하는' 맥주 바. 관광지 한복판에 위치해 있으며 추운 날에는 12세기에 지어진 로마네스크 양식의 지하실에서, 따뜻한 날에는 야외 비어 가든에서 맥주를 즐기면 되니 이래저래 맥주 먹기 참 좋은 곳이다. 맥주 샘플러를 주문하면 6가지의 다양한 추천 맥주를 맛볼 수 있다.

⚲ Řetězová 3 메트로 A선 · 트램 스타레므녜스츠카 Staroměstská역 도보 7분, 트램 카를로비 라즈네 Karlovy lázně역 도보 5분 ⦿ 50.085468, 14.417193
☎ 601-353-776 ⧖ 14:00-23:00 🍽 맥주 샘플러 Kč380
Map → ① - C - 3

★ 추천 맥주: 마투슈카 즐라타 라케타 17° IPA Matuška Zlatá Raketa 17° IPA
마투슈카 양조장은 규모가 무척 작은 마이크로 브루어리이지만 뛰어난 에일을 생산한다.

5 MALÝ/VELKÝ
말리/벨키

 비노흐라디

체코어로 '작은, 큰'을 의미하는 말리 벨키는 자체 양조장인 팔콘Falkon의 맥주와 실험적이고 독립적인 소규모 양조장들의 맥주를 취급하는 곳이다(여기서 작고 큰 것은 당연히 맥주 크기를 의미한다). 주로 체코 맥주를 취급하지만 스칸디나비아 지역과 벨기에 등 기타 유럽 지역의 맥주도 커버한다. 참신하고 신기한 컬렉션이 당신의 음주욕을 도발할 것이니, 아직 맥주에 목마른 당신 이곳으로 오라.

⚲ Mikovcova 4 메트로 C선 · 트램 이페파블로바 I.P. Pavlova역 도보 2분 ⦿ 50.076341, 14.430756 ☎ 774-095-708 ⧖ 월-토 16:00-02:00
🍽 팔콘 메트로폴리탄 세션 IPA 12° 드래프트 0.3L Kč45(메뉴 수시 변동)
Map → ⑧ - A - 3

★ 추천 맥주: 팔콘 메트로폴리탄 세션 IPA 12° Falkon Metropolitan Session IPA 12°
향긋한 과일 향과 청량감이 여름날 공원에 앉아 맥주 한잔 하는 장면을 연상시킨다.

6 BEERGEEK BAR
비어 기크 바

 지즈코프

프라하에서 가장 큰 크래프트 맥주 펍으로 무려 32개나 되는 맥주 탭을 가지고 있으며 체코 맥주뿐 아니라 러시아, 벨기에 등의 다양한 크래프트 맥주를 맛볼 수 있는 맥주 덕후들의 성지. 그날의 생맥주는 바에 있는 전광판을 보고 주문한다. 이곳의 직원들은 여기서 파는 맥주 모두 평범한 맥주 한 잔이 아니라 만드는 이들의 신념과 취향이 담겼다고 믿는다. 코리안 스타일 치킨 윙은 양념치킨과 제법 비슷하다.

⚲ Vinohradská 62 메트로 A선 · 트램 이르지호 즈 포데브라드 Jiřího z Poděbrad역 도보 1분 ⦿ 50.077087, 14.450019
☎ 776-827-068 ⧖ 15:00-02:00 🍽 코리안 스타일 치킨 윙 Kč169 사이비어리아 롤리팝 0.3L Kč49
Map → ⑥ - F - 3

★ 추천 맥주: 사이비어리아 롤리팝 Sibeeria Lollihop
맥아의 쌉싸름한 맛 사이에 캐러멜의 달콤함과 자몽의 상큼함이 어우러진 열대의 맛.

7 BERNARD PUB ANDĚL
베르나르드 펍 안델

 스미호프

16세기에 만들어진 양조장을 매입해 1991년부터 가족 경영 양조장으로 시작했던 베르나르드는 이제 중소형 규모 양조장의 최강자가 되었다. 매년 전 세계 맥주의 최강자를 가리는 '월드 비어 어워즈'에서 라거, 페어 에일 등 다양한 부문에서 1등을 기록하고 있다. 독자적인 기술로 저온살균을 거치지 않고도 병맥주를 생산하는 점이 다른 브랜드와의 또 다른 차별점. 시내에 베르나르드 직영 펍이 6개가 있는데 그중, 안델 지점이 접근성이 좋다.

⚲ Radlická 22 메트로 B선 · 트램 안델 Anděl역 도보 5분 ⦿ 50.068746, 14.401607
☎ 251-560-242
⧖ 월-목 11:00-24:00 금 11:00-01:00 토 11:30-01:00 일 11:30-23:00
🍽 비어과라र 12° 0.3L Kč37 세미 다크 라거 12° 0.3L Kč41
Map → ④

WINE & COCKTAIL

스타일리시하게 취하는 밤

1. VINÁRNA BOKOVKA
보코브카 [스타레 므네스토]

들로우하 거리와 어울리지 않는 어수선한 건물의 중정을 지나면 허름한 동굴에 수십 병의 와인이 늘어서 있는 별난 공간이 나온다. 비밀 파티가 열리는 듯 은밀하고도 세련된 분위기. 주로 체코, 조지아 등 제3세계 와인을 갖춰놓고 있으며 매일 종류가 바뀌므로 별도의 메뉴판이 없다. 와인을 잔으로 먹고 싶을 경우, 한가운데 있는 바에서 원하는 취향의 와인을 말하면 직원이 추천해 준다. 쉽게 접할 수 없는 특이한 치즈를 비롯해 약 40여 종이나 되는 치즈도 갖춰 놓았다.

⌂ Dlouhá 37 트램 들로우하트르지다 Dlouhá třída역 도보 2분
◎ 50.090994, 14.426604
☏ 731-492-046
⌚ 월-금 17:00-01:00 토 15:00-01:00 일 휴무
🍷 미쿨로프산 피노 블랑 2015년도 빈티지 1잔 Kč100 Map → ① - A - 2

2. HEMINGWAY BAR
헤밍웨이 바 [스타레 므네스토]

애주가였으며 칵테일과 관련한 수많은 어록을 남긴 어니스트 헤밍웨이인 만큼 헤밍웨이의 이름을 딴 칵테일 바가 전 세계에 수두룩할 터. 그러나 이 헤밍웨이 바는 그저 그런 또 하나의 바가 아니라 프라하 최고의 칵테일 바이다. 여기서는 꼭 바에 앉아 보자. 체코를 대표하는 실력 있는 바텐더들이 화려하고도 세련된 손길로 칵테일을 한 잔을 창조해 내는 모습을 보는 것은 크나큰 즐거움이다. 베헤로브카를 활용한 '베헤 버터 사워'가 유명하며 다양한 압생트도 갖추고 있다. 예약을 하는 것이 좋다.

⌂ Karolíny světlé 26 트램 카를로비 라즈네 Karlovy Lázně역 도보 1분
◎ 50.084014, 14.414285
☏ 773-974-764
⌚ 월-목 17:00-01:00 금 17:00-02:00 토 19:00-02:00 일 19:00-01:00
🍸 베헤 버터 사워 Kč195
Map → ① - C - 4

WINE&COCKTAIL

'체코는 맥주지!'라는 고정관념을 깨고 와인과 칵테일 앞에 앉아 보자. 세미 정장을 입은 사람들 사이에 앉아 레드 와인을 홀짝거리고, 이런저런 요구사항으로 바텐더를 귀찮게 하면서 나만을 위한 칵테일을 주문해 보자. 살짝 취기가 오르고 테이블에 켜 둔 촛불이 일렁일 때, 오늘만큼은 영화 속 주인공이 된 느낌이다.

3 L'FLEUR MIXOLOGY & CHAMPAGNE BAR
르 플뢰르 바 스타레 므네스토

ⓥ V Kolkovně 5 트램 들로우하트르지다 Dlouhá třída역 도보 8분
☏ 50.089574, 14.421652
☎ 734-255-665
🕐 18:00-03:00
💰 더치 플라워 Kč195,
파리지앵 스컬 Kč275
Map → ①-B-3

구석에 걸린 무하의 작품과 돔 페리뇽 수도사의 조각상은 이곳이 프랑스에서 영감을 받은 칵테일 바라는 사실을 알려준다. 음료를 루브르 박물관의 전시 구성처럼 '이집트 유물', '그리스 로마 시대 조각', '13~19세기 회화' 등으로 분류해 놓은 메뉴판이 웃음을 자아낸다. 전 세계 믹솔로지 대회에서 수상한 바텐더들이 대거 포진해 있는 바답게 칵테일은 맛도, 향도, 비주얼도 환상적. 자신들만의 철학으로 엄선한 프랑스산 샴페인도 다양하게 갖춰 놓고 있다.

4 CASH ONLY BAR
캐시 온리 바 스타레 므네스토

ⓥ Liliová 3 트램 카를로비 라즈네 Karlovy lázně역 도보 4분
☏ 50.084589, 14.416404
☎ 778-087-117
🕐 일-화 18:00-01:00 수-토 18:00-02:00
월 휴무
💰 멕시칸 달러 Kč185
캐시온리 핫도그 Kč145
Map → ①-C-4

헤밍웨이 바의 스핀오프 격이라고 해야겠다. 헤밍웨이 바와 운영 주체가 같고 몇 가지 메뉴를 공유하지만 분위기는 전혀 딴판. 이곳은 팝콘과 핫도그를 파는, 캐주얼하고 젊은 곳이다. 같은 곳에서 운영하는 바를 두 개나 소개한 것은 두 군데 모두 손꼽히는 핫 플레이스이기 때문. 메뉴는 시즌마다 교체되는데 다들 신선하고 도발적인 모양새와 이름이 특징이다. 유일한 단점이라면 이름에서 알 수 있듯 카드 사용이 안 된다는 것. 현금만 받는 이곳의 시그니처 칵테일은 거품 위에 달러 통화 기호가 찍힌 '멕시칸 달러'이다.

JAZZ BAR

재즈가 흐르는 밤

체코의 재즈는 클래식에 비해 세계적으로 덜 알려져 있기는 하지만 프라하 곳곳의 수많은 재즈 클럽에서는 매일 밤 다양한 국적의 재즈 뮤지션들이 모여 연주를 하고 있다. 나치와 공산당의 탄압을 겪으면서 더욱 굳건하고 깊어진 자유와 저항의 음악, 프라하의 재즈를 만나 보자.

1 JAZZDOCK
재즈독 〔스미호프〕

통유리 너머로 낮에는 강변의 풍경이 한 눈에 들어오고 밤이 되면 강물에 일렁이는 불빛이 건물을 감싼다. 매일 국적, 장르 불문하고 다양한 재즈 공연이 펼쳐지는데 공연에 따라서는 스탠딩 관람을 해야 할 만큼 인기가 많다. 매달 둘째 주 토요일에는 '그루브 독'이라는 재즈 댄스파티가 열린다. 라라랜드의 주인공처럼 신나게 몸을 흔들어 보자.

Janáčkovo nábřeží 2 메트로 B선 · 트램 안델Anděl역 도보 12분, 트램 아르베소보 나므녜스티Arbesovo náměstí역 도보 6분
50.077388, 14.408500 ☎ 774-058-838
4-9월 월-목 15:00-04:00 금토 13:00-04:00 일 13:00-02:00, 10-3월 월-목 17:00-04:00 금토 15:00-04:00 일 15:00-02:00
www.jazzdock.cz
Map → ④

2 REDUTA JAZZ CLUB
레두타 재즈 클럽 〔노베 므녜스토〕

많은 아티스트들이 공산주의 치하에서 탄압받던 시절인 1958년 프라하에 최초로 문을 연 재즈클럽이자 프라하 재즈의 심장과 같은 곳. 수많은 체코의 유명 재즈 뮤지션들이 이곳을 거쳐 갔으며 빌 클린턴 대통령과 바츨라프 하벨 대통령이 다녀갔을 정도로 역사적인 명소이다. 재즈에 최적화된 음향시설을 가지고 있으며 외투 보관소도 번듯하니 '원조'의 품격이 느껴진다.

 Národní 20 메트로 B선 · 트램 나로드니 트르지다Národní třída역 도보 2분
50.081943, 14.418497 ☎ 224-933-487 19:00-01:00
www.redutajazzclub.cz Map → ② - D - 2

JAZZ BAR

3 AGHARTA
아가르타
`스타레 므네스토`

체코의 유명한 음반 레이블 회사인 아르타ARTA에서 운영하는 재즈 클럽. 회사 이름 아르타와 유명 재즈 뮤지션 마일스 데이비스의 앨범 〈아가타Agharta〉를 절묘하게 섞어 이름을 지었다. 연주가 시작되면 14세기에 지어진 자그마한 지하 공간에 진한 재즈의 소울이 퍼져나간다. 프라하에서 가장 대중적이고 활기차며 분위기 좋은 재즈 클럽은 바로 여기.

⊙ Železná 16 메트로 A선·트램 스타로므네스츠키Staroměstská역 도보 8분 ⓖ 50.086358, 14.422029
☎ 222-211-275 ⓣ 19:00-01:00
⌂ www.agharta.cz
Map → ①-B-2

4 U MALÉHO GLENA
우 말레호 글레나
`말라 스트라나`

낮에는 벨벳 맥주를 마실 수 있는 체코 음식점이지만 밤에는 재즈 클럽으로 변신한다. '관광객을 위한 재즈가 아닌 순수한 재즈'를 지향하는 곳으로, 〈뉴욕타임스〉에서도 이곳 무대에 서는 로컬 뮤지션들의 수준이 꽤 높다고 평했다. 20명 남짓 앉을 법한 작은 공간이라 뮤지션들의 연주를 바로 눈앞에서 감상하며 그 열기를 생생히 느낄 수 있는 농밀함이 이곳의 매력이다.

⊙ Karmelitská 23 트램 말로스트란스케 나메스티 Malostranské náměstí역 도보 2분
ⓖ 50.086836, 14.403628 ☎ 257-531-717 ⓣ 11:00-02:00
⌂ www.malyglen.cz
Map → ③-B-1

5 JAZZ REPUBLIC
재즈 리퍼블릭
`스타레 므네스토`

공연이 보이지 않는 곳에 앉으면 입장이 무료인지라 언제나 사람들로 붐빈다. 특히 입구에 가까운 좌석은 드나드는 사람들로 조금은 산만하기도 하지만 연주자가 내뿜는 열기는 변함없이 뜨겁다. 입장료 부담 없이 귀로 즐길 수 있는 라이브 재즈 공연은 이곳이 제격. 위치도 시내 한복판이므로 숙소에 들어가기 전, 가볍게 들러 음료 한 잔과 함께 재즈 음악을 즐겨 보자.

⊙ Jilská 1 메트로 B선 무스텍Můstek역 도보 6분, 메트로 B선·트램 나로드니 트르지다 Národní třída역 도보 8분
ⓖ 50.084160, 14.418591 ☎ 221-183-552
ⓣ 월 20:00-12:30 화 10:30-12:30 수-일 20:00-12:30
⌂ www.jazzrepublic.cz Map → ①-C-3

합리적인
그대의
작은 사치

나를 위한 성찬 파인다이닝

작년에 비해 물가가 오르긴 했다. 그래도 '이 정도 퀄리티의 식사를 한국에서는 얼마에 할 수 있을까?' 하고 생각하면 고급 식당들을 시도하기에 프라하만 한 도시가 없다는 생각이 들 것이다. 점심시간 특선 메뉴는 더욱 저렴하게 이용할 수 있다니 과연 프라하 물가 만세다, 만세!

말라 스트라나

1 테라사 우 즐라테 스투드네
TERASA U ZLATÉ STUDNĚ

프라하성 아래 위치한 건물의 테라스에서 프라하의 모든 붉은 지붕을 발아래 두고 식사할 수 있는 곳. 가격은 절대 만만하지 않지만 구름이 손에 잡힐 듯하고 눈앞에서 새가 날며 붉은 지붕 위로 분홍빛 석양이 내려앉는, 평생 잊히지 않을 아름다운 경치를 볼 수 있는 것만으로도 음식값의 본전은 뽑은 느낌. 더구나 음식의 맛도 뛰어나니 경치만 좋고 음식은 조잡한 관광지의 여느 식당들과는 차원이 다르다. 현지인과 관광객 모두에게 인기가 많은 곳이니 예약을 권한다.

🏠 U Zlaté studně 4 (우 즐라타 스투드네 호텔 4층) 메트로 A선 · 트램 말로스트란스카Malostranská역 도보 10분
📍 50.090743, 14.404538
☎ 257-533-322
🍽 브렉퍼스트 07:00-11:00, 런치 12:00-16:00, 디너 18:00-23:00
🍴 캐나다 로브스터 Kč1450
Map → ③-B-1

스타레 므녜스토

2 필드
FIELD

요리의 기본에 충실하며 들판에서 갓 수확한 자연 재료 본연의 맛을 살린다는 뜻으로 이름도 '필드'라고 지었다. 메뉴판에는 재료들의 이름만 나열되어 있고 그것들로 무얼 어쨌다는 것인지 아무런 설명이 없지만 일단 믿고 주문하자. 창의적인 재료들의 조합으로 이루어진 음식은 깊은 맛이 나고, 플레이팅마저도 깨끔하여 먹기 아까울 정도. 오픈한 지 1년 만에 미쉐린 원스타를 받고 3년째 유지하고 있는 식당의 저력이란 바로 이런 것이다.

🏠 U Milosrdnych 12 메트로 A선 · 트램 스타로므녜스츠카 Staroměstská역 도보 10분, 트램 드로우하 트르지다 Dlouhá třída역 도보 8분
📍 50.091825, 14.422060 ☎ 222-316-999
🕐 월-금 11:00-14:30 18:00-22:30 토일 12:00-15:00 18:00-22:30
🍴 메기 · 가지 · 토마토 · 한련화 요리 Kč620 (메뉴 수시 변동)
Map → ①-A-2

3 스미호프
TARO
타로

베트남 요리를 위주로 한 아시안 퓨전 요리를 일본의 오마카세(셰프가 책임지고 정해 주는 메뉴) 스타일로 맛보자. 2017년 12월 오픈한 이후 프라하의 미식가들 사이에서 센세이션을 일으켰다. 저녁 메뉴는 4코스와 7코스 중에서 선택할 수 있는데, 바에 앉아 요리하는 모습을 지켜볼 수 있고 나오는 요리마다 셰프가 자세하게 설명해 준다. 셰프들의 열정과 정성이 담긴 요리, 서버들의 친절함, 간결하면서도 세련된 인테리어, 착한 가격까지. 프라하 파인 다이닝 트렌드의 최전선에 서 있는 곳.

🏠 Nádražní 100 메트로 B선 · 트램 안델And젤역 도보 3분
📍 50.069672, 14.405539
📞 777-446-007
🕐 화금 11:30-15:00 17:30-23:00
　토 12:00-16:00 18:00-23:00 일월 휴무
🍽 4코스 메뉴 Kč890
Map → ④

4 노베 므네스토
GRAND CRU
그랑 크뤼

프렌치와 체코 요리의 전통에 기반을 둔 창의적인 요리들의 향연. 프라하의 인기 셰프 얀 푼초하르즈는 전통 프렌치 스타일 요리의 팬이지만 동시에 자신의 요리를 한 단어로 규정하기를 거부하며, 어떤 것이든 최고로 내놓을 자신이 있단다. 두세달마다 메뉴가 교체되고 런치 단품 요리는 약 Kč300~Kč700 정도. 매년 아쉽게 실패하고 있으나 프라하의 미식가들은 이곳이 언제 미쉐린 별을 획득할지 주목하고 있다.

🏠 Lodecká 4 트램 빌라 라부튀Bílá labuť역, 테쉬노브 Těšnov역 도보 5분
📍 50.091792, 14.433082
📞 775-044-076
🕐 월금 11:30-15:00 17:30-23:00 일 휴무
🍽 5가지 코스로 구성된 테이스팅 메뉴 Kč1890
Map → ②-F-1

5 스타레 므네스토
LA FINESTRA
라 피네스트라

유명 이탈리안 비스트로 '라 보테가'의 럭셔리 버전이자 이탈리아식 파인 다이닝 레스토랑. 창의적이고 트렌디한 음식을 선보이기보다는 정통 이탈리안식을 제대로 선보이는 곳이다. 아뮤즈 부쉬부터 디저트까지 예사롭지 않으며 오늘의 스페셜 메뉴로 즐길 수 있는 스테이크의 풍미와 전담 소믈리에가 추천해 주는 와인은 감동적이다. 인테리어, 음식, 직원들의 서비스 등 뭐 하나 흠잡을 데 없다. 1인당 3~5만 원 정도의 가격으로 뛰어난 스테이크를 즐길 수 있다.

🏠 Platnéřská 13 메트로 A선 · 트램 스타로므네스츠카 Staroměstská역 도보 4분
📍 50.087337, 14.416224
📞 222-325-325
🕐 12:00-15:00 17:00-23:00
🍽 아르헨티나산 드라이 에이징 등심 스테이크 300g Kč675
Map → ①-B-4

LIFESTYLE & SHOPPING

알랭드 보통은 기념품을 사는 행위를 여행지의 '아름다움을 소유하려는 욕망의 저급한 표현'이라 했지만
로컬들이 가는 가게에서 프라하만의 개성 넘치는 상품을 데려오는 것은
그들의 삶의 방식을 이해하는 또 하나의 수단일지도 모른다.

SHOPPING

보헤미안의 감각,
디자이너 부티크

로컬 디자이너들의 상품들을 판매하거나 보헤미안의 감각으로 큐레이팅한 편집숍들을 모았다. 이곳의 물건에는 만든 이와 모은 이의 철학과 라이프스타일이 담겼다. 적게 소유하는 미니멀 라이프가 대세라 하지만 긴 시간 들여온 여행, 가치 있는 아이템에는 야무지게 지갑을 열자.

1 PAPELOTE
파페로테   노베 므네스토

'종이는 단순한 글쓰기의 바탕이 아니라 맛, 향, 소리와 색으로 가득 찬 독립된 소재라고 믿는 체코 디자이너 카트르지나 샤호바가 오픈한 문구점. 이곳의 모든 제품은 체코 디자이너에 의한 체코 내 생산, 친환경 소재, 고품질, 유니크한 디자인 이 네 가지 원칙으로 생산된 제품이다. 아티스트의 공방, 혹은 서재 같기도 한 매장에서 노트, 파일 폴더, 편지지, 사진첩, 마스킹 테이프 등 종이로 된 모든 상품은 다 판매한다. 단순하면서도 독특한 패턴의 필통, 북 커버 같은 액세서리도 있다.

ⓐ Vojtěšská 9 트램 나로드니 디바들로Národní divadlo역 도보 7분, 트램 이라스코보 나므네스티Jiráskovo náměstí역 도보 3분
ⓖ 50.078331, 14.414786
☎ 774-719-113
ⓣ 월-금 11:00-19:00 토 12:00-18:00 일 휴무
Map → ②-D-3

2 PRAGTIQUE
프라그티크   스타레 므네스토

한국에 돌아가 두고두고 프라하를 떠올릴 기념품은 이곳에서. '프라하를 테마로 한 유니크, 하이 퀄리티 기념품 숍'을 콘셉트로 하는 이곳의 모든 상품은 체코 아티스트들이 디자인하고 현지 기업에서 제작했다. 열쇠고리, 머그컵, 에코백 등 다양한 품목에 천문시계와 프라하성처럼 잘 알려진 관광지부터 빨간 트램과 같은 소소한 명물까지 각양각색 프라하의 모습을 한껏 담았으니 프라하의 대표 기념품 숍이라 하겠다.

ⓐ Národní 37 (플라티즈 파사쥬Platýz pasáž 내부) 메트로 B선 · 트램 나로드니트르지다Národní třída역 도보 2분, 메트로 B선 · 무스텍Můstek역 도보 1분
ⓖ 50.083112, 14.420284
ⓣ 월-금 11:00-19:00 토 11:00-18:00 일 휴무
Map → ①-C-3

Tripful — LIFESTYLE & SHOPPING

ⓐ Malé náměstí 12 메트로 A선 · 트램 스타로메스츠카l Staroměstská역 도보 5분
ⓖ 50.086298, 14.419545 ☎ 224-214-190 ⓣ 10:00-20:00 Map ①-B-3

3 DEBUT GALLERY
데뷔 갤러리   스타레 므네스토

이미 아름다운 디스플레이와 알찬 상품 구성으로 유명한 로컬 디자인 상점. 탁월한 체코 신인 디자이너들을 다수 발굴한 데뷔 갤러리의 감각은 확실히 남다르다. '보헤미안 센트Bohemian Scent'를 콘셉트로 하는 체코 향초 브랜드 '메도우Meadow'를 비롯해 체코 디자이너들의 가방, 액세서리, 공예품 등을 구매할 수 있다. 체코의 작고, 예쁘고, 쓸모 있는 것들만 모아 놓은 위대한 숍.

4 B-TEAM
B-팀   스타레 므네스토, 지즈코프

독특한 디자인의 스니커즈를 찾는 패션 피플은 여기로! B-팀의 디자인은 1966년에 나온 체코슬로바키아의 전설적인 스니커즈 보타스 클래식Botas Classic에 기원을 두고 있다. '프라하 아트 디자인 아카데미' 학생들이 학교 과제로 보타스 클래식을 재해석했고, 이 디자인이 2008년도 '유럽 디자인 어워드'의 그랑프리상을 받은 것이 이 브랜드의 시작. 리듬감이 느껴지는 산뜻한 컬러 조합과 레트로한 멋이 인상적인 이 신발의 생산 공정은 모두 체코에서 이루어진다. 7~11만 원선으로 가격 마저 착하다.

스타레 므네스토 지점
ⓐ Skořepka 4 메트로 B선 · 트램 나로드니트 르지다 Národní třída역, 메트로 B선 무스텍 Můstek역 도보 4분
ⓖ 50.083710, 14.418891 ☎ 776-855-443
ⓣ 월-토 10:00-19:00 일 11:00-17:00
Map ①-C-3

지즈코프 지점
ⓐ Křížkovského 18 메트로 A선 · 트램 이르지 호 즈 포데브라드 Jiřího z Poděbrad역 도보 7분, 트램 리판스카 Lipanská역 도보 7분
ⓖ 50.081398, 14.449338 ☎ 774-981-418
ⓣ 월-금 11:00-19:00 토 11:00-17:00 일 휴무
Map ⑥-F-3

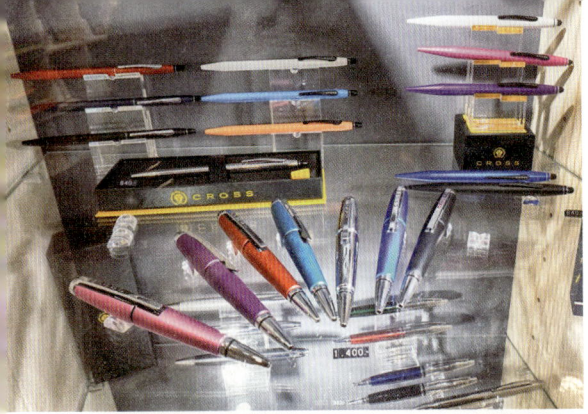

5 PENSHOP.CZ
펜숍

〔스타레 므네스토〕

세계적인 브랜드의 필기구를 전문적으로 판매하는 곳. 다양한 브랜드별로 한정판 상품까지 취급한다. 칼 라거펠트와 독일의 파버 카스텔Faber Castell이 콜라보 한 색연필 세트 칼 박스Karl Box는 하나의 예술품과 같다. 폴 스미스와 스위스 브랜드 카렌다쉬Caran d'ache의 합작인 849pen, 마블사의 히어로들이 그려진 크로스Cross 만년필 등은 평소 문구류에 무심했던 사람들까지 매혹시킨다.

 Na Příkopě 23 (판스카 파사쥬Pánská pasáž 내부)
메트로 B선 · 무스텍 Můstek역 나므네스티 레푸블리키
Náměstí Republiky역 도보 5분
50.086139, 14.425404 ☎ 736-529-706
월-금 10:00-19:00 토일 12:00-18:00
Map → ① - C - 2

6 KUBISTA
쿠비스타

〔스타레 므네스토〕

'체코 큐비즘 박물관' 1층에 있는 체코 큐비즘 디자인 상품들을 파는 갤러리. 피카소가 발전시킨 회화에서의 큐비즘을 체코 아티스트들이 도자기 제품과 건축 디자인에 접목했고, 그 독창성을 인정받아 '체코 큐비즘'이라는 양식 이름을 남기게 되었다. 체코 큐비즘의 선구자 파벨 야낙의 꽃병, 브라티슬라브 호프만의 찻잔은 지금 봐도 20세기 초의 디자인이라고는 믿을 수 없을 정도로 세련되고 혁신적이다.

Ovocný trh 19 메트로 B선 · 트램 나므네스티 레푸블리키 Náměstí Republiky역 도보 5분
50.087001, 14.425493 ☎ 224-236-378 화-일 10:00-19:00 월 휴무
Map → ① - B - 2

7 QUBUS
쿠부스

〔스타레 므네스토〕

체코 디자인계를 선도하는 야쿠브 베르디흐와 막심 벨초브스키의 스튜디오. 캔들 받침, 꽃병, 액세서리, 손거울 등 일상 속의 사물들을 기괴하면서도 이색적인 디자인으로 풀어낸 것이 참신하다. 거대한 장화 모양 꽃병 워터프루프Waterproof와 흘러내린 촛농이 민머리 인형의 머리를 덮는 리틀 조셉Little Joseph 캔들 홀더는 세계적으로 유명한 베스트셀러.

Rámová 3 메트로 A선 · 트램 스타로므네스츠카 Staroměstská역 도보 10분, 버스 194 하스탈슈케나 므네스티 Haštalské náměstí역 도보 1분
50.090391, 14.423938
☎ 222-313-151
월-금 11:00-19:00 토 11:00-17:00 일 휴무
Map → ① - A - 2

LIFESTYLE & SHOPPING

ⓐ Dlouhá 36 메트로 B선 나므녜스티 레푸블리키(Náměstí Republiky)역 도보 6분, 트램 들로우하트르지다Dlouhá třída역 도보 2분
🌐 50.090402, 14.425640 ☎ 725-059-055
🕘 09:00-20:00 Map → ① - A - 2

8 APROPOS
아프로포스

스타레 므녜스토

북유럽과 네덜란드 브랜드의 생활 소품들을 판매한다. 디자인 강국에서 온 상품들이니 그 아름다움은 말해 무엇하랴. 단정하고 편안한 찻잔과 꽃무늬가 상큼한 테이블보, 손때를 탄 듯 빈티지한 양철상자, 고급스러운 향초까지 전부 다 사고 싶어질 것이다. 내 방 한구석을 빛나게 해 줄 작은 오브제나 사랑하는 사람을 위한 선물을 골라보는 건 어떨까.

9 FRESHLABELS, FRESHLABELS BACKPACK STORE
프레시라벨스, 프레시라벨스 백팩 스토어

노베 므녜스토

프라하에서 가장 주목받는 편집숍. 친환경 텀블러 도퍼Dopper, 폐기물을 가방으로 바꾼 프라이탁Freitag과 같이 에코 패션의 팬이거나, 유명 디자이너의 한정판 제품을 찾아다니는 멋쟁이 당신이 찾는 모든 것이 여기에 있다. 10년 이상 경력의 큐레이터들이 남다른 안목으로 엄선한 옷, 시계, 액세서리, 티, 안경 등은 실용적이고 기발한 친환경 상품들이다. 프레시라벨 바로 옆, 프라하 최초의 프리미엄 백팩 편집숍이라는 '프레시라벨스 백팩 스토어' 또한 잊지 말고 들르자.

프레시라벨스
ⓐ Jindřišská 15 트램 인드리슈스카 Jindřišská역 도보 2분
🌐 50.083982, 14.428211
☎ 777-077-700 🕘 10:00-20:00
Map → ② - E - 2

프레시라벨스 백팩 스토어
ⓐ Panska 9
프레시라벨스에서 모퉁이를 돌면 있다.
Map → ② - E - 2

LIFE STYLE

아름답고 쓸모없는 보물 찾기, 앤티크 마켓

오래된 사물에는 사용했던 사람의 '삶'이 깃들어 있고 도시의 풍경은 그러한 개개인의 삶의 집합이다. 그래서 벼룩시장을 돌아다니는 것은 그곳의 삶을 읽어 내는 행위이자, 관음증의 고상한 발현이다.

BLEŠÍ TRHY PRAHA
프라하 벼룩시장

비소차니

Ulice U Elektry 트램버스
우 엘레크트리U Elektry역 도보 1분
50.102113, 14.519321
733-785-540
토일 06:00-14:00

5만 5,000m²나 되는 유럽에서 가장 큰 벼룩시장이다. 드럼, 바이올린 등의 악기부터 재봉틀, 아직도 작동되는 전축, 타이어에 이르기까지 이쯤되면 안 파는 것을 찾기 어려울 정도. 버리려고 내놓은 것인지, 쓰라고 내놓은 것인지, 쓰레기인지, 고물인지, 골동품인지 헷갈리지만 한때는 누군가의 손에서 쓸모를 뽐내고 있었을 물건들. 이 사이에서 내게 꼭 맞는 보물을 발견해 내는 행운은 이제 당신의 몫이다. 아침 일찍부터 사람들로 북적이므로 10시 이전에 도착해야 할 것이다.

BRIC A BRAC
브릭 아 브랙

스타레 므녜스토

Týnská 7 메트로 A선 · 트램 스타로므녜스츠카
Staroměstská역 도보 8분
50.088068, 14.422936
222-326-484
11:00-18:00

방대한 종류의 골동품이 잘 보존되어 있으며, 해외 블로그와 언론을 통해 이미 많이 소개된 프라하에서 가장 유명한 골동품 가게. 가구, 찻잔, 장신구부터 틴케이스, 안경, 지구본, 동전까지 없는 게 없다. 동굴같이 깊고 좁은 공간에 그 많은 물건이 빼곡히 쌓여 있는 모습마저 장관이다. 보물 찾기 하는 마음으로 찬찬히 둘러보면서 오래된 사물들이 주는 매력에 푹 빠져 보자. 관광지 한복판에 있어 찾기도 쉽다.

TERMINÁL ŽIŽKOV
떼르미날 지즈코프

지즈코프

1936년부터 2002년까지 쓰이던 지즈코프 화물 기차역이 2019년 봄부터 위클리 플리마켓으로 변신했다. 사실 체코 사람들의 유난한 중고품 사랑을 생각하면 그간 이러한 공간이 없었던 것이 이상할 정도. 옷과 오래된 타자기, 앤티크 등 중고 물품뿐 아니라 로컬 디자이너들의 공예품과 체코 특산품도 판매한다. 시내 한가운데 있고 트램 정류장과 가까워 접근성이 높으니 현지인들의 플리마켓을 구경하고 싶다면 놓치지 말 것. 버려진 기차역이 이렇게 다시 활기가 도는 것을 보면 살풍경한 공간에 숨을 불어넣는 '사람 냄새'의 힘을 생각하게 된다.

- Jana Želivského 11 트램 나끌라도베 나드라지 지즈코프 Nákladové nádraží Žižkov역 도보 1분
- 50.085584, 14.471659
- 775-715-860
- 금 11:00-17:00 토 08:00-15:00
- Map → ⑥ - E - 1

ANTIK V DLOUHÉ
안티크 브 들로우헤

스타레 므녜스토

다른 앤티크 숍에서 취급하지 않는 다양한 조명과 가구도 전문적으로 수집하고 판매한다. 체코와 슬로바키아뿐 아니라 멕시코, 일본 등 전 세계에서 모인 골동품들은 레트로한 장난감, 귀족들이 쓰던 소변기부터 아르누보 스타일의 회중시계까지 다양하다. 다들 보존 상태가 좋아 작은 박물관을 보는 느낌마저 드니 굳이 사지 않더라도 맛집이 많은 들로우하 거리를 지나고 있다면 잠시 구경할 만하다. 일본과 중국인 관광객들은 오래된 장신구나 가위, 골무 등을 주로 사 간다.

- Dlouhá 37 메트로 B선 나므녜스티 레푸블리키 Náměstí Republiky역 도보 5분, 트램 들로우하트르지다 Dlouhá třída역 도보 2분
- 50.090777, 14.426623
- 774-431-776
- 월-금 10:00-19:00 토 12:00-18:00
- Map → ① - A - 2

LIFE STYLE

로컬 라이프, 시장

시장은 로컬들의 라이프스타일을 구경하기에 최적의 장소이다. 판매대에 나온 제철 농산물을 둘러보고, 날이 좋은 주말 장바구니를 들고나온 프라하 사람들과 강아지와 인사해 보자. 걷다가 출출해져도 걱정이 없다. 당신은 지금 주전부리의 천국, 시장에 와 있으니까.

1 FARMÁŘSKÝ TRH NÁPLAVKA
나플라브카 파머스 마켓

현지인과 관광객이 함께 즐길 수 있는 프라하의 대표적인 파머스 마켓. 강 건너로 보이는 프라하 성 뷰도 예술이니 강변을 산책하는 겸 토요일 오전 시간을 보내기에 최고의 장소이다. 강변의 낭만과 시장의 활기가 어우러지니 어찌 흥겹지 아니 하겠는가. 소시지, 맥주, 해산물 튀김, 크루아상 등 다양한 시장 음식이 식욕을 자극하고 시즌에 따라 맥주 축제, 애플 사이다 축제, 와인 축제, 고추 축제, 길거리 공연 등 다양한 행사들이 열리기도 한다. 주말에 프라하에 머물고 있다면 꼭 가봐야 할 곳.

◎ Náplavka Rašínova nábřeží 메트로 B선 카를로보 나므녜스티 Karlovo náměstí역 도보 10분, 트램 팔라츠케호 나므녜스티 Palackého náměstí역 도보 5분
◎ 50.070592, 14.414105
◎ 토 08:00-14:00(12-1월 휴업)

2 PRAŽSKÁ TRŽNICE
프라하 마켓

100년간 프라하 곳곳에 고기를 공급하던 거대한 축산 시장 타운은 공장식 축산업의 발달로 문을 닫게 되었고 그 자리에 이 프라하 마켓이 들어섰다. 옛 축산 시장터인 만큼 허름하고 삭막하기는 해도 11만 m²라는 어마어마한 규모 안에 옷, 잡화, 가드닝 도구, 전자기기 등 온갖 잡다한 물건들을 저렴한 가격에 살 수 있어 물가가 비싼 북유럽에서 온 관광객들에게는 별세계라고 소문까지 낫단다. 프라하 농수산물 시장, 거대한 체코 와인 전문점, 베트남 레스토랑 트랑 안Trang an과 사사주Sasazu가 방문객들에게 인기가 많다.

📍 Bubenské nábřeží 13 메트로 C선 블타브스카Vltavská역 도보 8분, 트램 프라즈스카트르즈니체Pražská tržnice역
📍 50.098646, 14.446127
🕐 월-토 08:00-20:00 일 휴무   Map → ⑦ - C - 2

Info
농수산물 시장(22번 홀 Hale 22) : 월-토 07:30-17:00 일 휴무
와인 전문점 모라브스카 방카 빈Moravská banka vín(28번 홀 Hale28) : 월-금 09:00-19:00 토 09:00-17:00 일 휴무
베트남 음식점 트랑 안Trang An(5번 홀 Hale 5) : 월-토 09:00-19:00 일 휴무
아시안 음식점 사사주Sasazu(25번 홀 Hale 25): 월-금 12:00-01:00 일 12:00-11:00 토 휴무

3 FARMÁŘSKÉ TRŽIŠTĚ JIŘÁK
이르작 파머스 마켓

이르지호 즈 뽀데브라드Jiřího z Poděbrad 광장에서 열리는 파머스 마켓인데 주거지역 한가운데 있어 생활 밀착형 파머스 마켓이라 하겠다. 규모는 작지만 느긋하고 한가한 것이 장점. 아이들과 반려견이 잔디밭에서 뛰어놀고 누군가는 바로 앞 성심 성당에서의 미사가 끝나고 장을 보러 들른다. 점심시간에는 직장인들이 수프와 빵으로 가벼운 한 끼를 때운다. 지극히 평범하고 소소한 프라하의 일상이 만나고 싶다면 주중에 이곳으로 향하자.

📍 Náměstí Jiřího z Poděbrad 메트로 A선 · 트램 이르지호 즈 뽀데브라드Jiřího z Poděbrad역
📍 50.078350, 14.449386
🕐 수-금 08:00-18:00 토 08:00-14:00(12월-1월휴업)
Map → ⑥ - F - 3

SHOPPING

편하고 익숙하게, 대형 쇼핑몰

대형 쇼핑몰에 대한 규제가 서유럽에 비해 약한 체코 전역에는 수많은 쇼핑몰이 있다. 영화관, 식당가, 대형 슈퍼마켓, 전자기기 상점 등 구성은 한국의 쇼핑몰과 대동소이하지만 입점된 브랜드는 훨씬 소박한 수준이니 편안한 마음으로 돌아보자. 교통의 요지에 있는 대표적인 쇼핑몰 세 곳.

PALLADIUM 팔라디움

시내 한가운데 있는 프라하 대표 쇼핑몰. 5층짜리 건물에 H&M, 세포라, 스타벅스, 코스타 커피, 러쉬 등 200여 개나 되는 상점이 들어서 있다. 버려진 군 시설을 리모델링해 만든 쇼핑몰이라 건축적, 문화적 가치도 높다. 지하에 대형 마트 알베트르 Albert가 있고, 크리스마스와 부활절에는 문 앞 광장에 큰 전통 시장이 선다.

🏠 Náměstí Republiky 1 메트로 B선 · 트램 나므녜스티 레푸블리키 Náměstí Republiky역
📍 50.089456, 14.429484
☎ 225-770-250
🕐 일~수 09:00-21:00 목~토 09:00-22:00
Map → ②-E-1

MY NÁRODNÍ 마이 나로드니

1978년에 개장한 소련 점령지 시절의 대형 마트를 공산정권이 무너진 후 영국의 테스코 Tesco가 매입해 쇼핑몰로 오픈했다. 1층에 샤넬, 입생로랑 등 다른 쇼핑몰에서는 볼 수 없는 고급 화장품 브랜드가 입점해 있고 지하에는 테스코가 있다. 여름에는 4층에 루프톱 카페 '마이 테라스'를 운영하는데, 혼잡한 도심에서 잠시 작은 여유를 즐기며 쉬어가기 좋다.

🏠 Národní 26 메트로 B선 · 트램 나로드니트르지다 Národní třída역
📍 50.082182, 14.419612
☎ 222-815-582
🕐 월~토 07:00-21:00 일 08:00-21:00
Map → ②-D-2

OC NOVÝ SMÍCHOV 노비 스미호프 쇼핑 센터

메트로 안델역과 연결되어 있는 3층짜리 쇼핑몰. 이 일대 스미호프 지역의 중심 쇼핑몰이다. 영국 슈퍼마켓 테스코와 약국 등이 크게 입점해 있다. 데엠DM, 로스만 Rossmaan 등 드럭 스토어 대신 테스코 공산품 코너가 크게 있는 것이 특징.

🏠 Plzeňská 8 메트로 B선 · 트램 안델And역
📍 50.072192, 14.402306
☎ 251-101-061
🕐 09:00-21:00
Map → ④

TIP

0층이 어디인가요?
유럽은 1층을 '0층' 혹은 '그라운드 플로어Ground floor'라고 표기한다. 우리나라의 2층은 1층, 3층은 2층으로 표시되니 층수를 셀 때 혼동하지 않도록 주의하자.

포트라비니 막스 앤 스펜서를 활용하라!
대형 몰에는 영국계 잡화 브랜드 막스 앤 스펜서에서 운영하는 식료품 상점이 있다. 일반 마트보다는 가격이 조금 비싸지만 바로 먹을 수 있는 팩 샐러드나 포장 과일, 데우기만 해서 먹을 수 있는 반조리 식품류의 구성이 다양해 여행자들의 끼니 걱정을 덜어 준다. 페이스트리도 일반 마트보다 훨씬 맛있으니 적극 활용하시길. 옷 가게 안쪽으로 깊이 들어가면 찾을 수 있다.

PLUS INFO

프라하는 에로틱 시티?
팔라디움 내에서 뿐 아니라 시내에서 쉽게 마주칠 수 있는 대형 성인용품 숍 에로틱 시티. 프라하에만 스물네 군데나 있다. 용기를 내어 들어가 보면 밝고 환한 조명과 친절하게 웃으며 응대하는 점원이 일반 상점과 크게 다를 바 없다. 유럽 포르노 산업의 중심인 체코, 그리고 성인용품 사용에 특히 개방적인 체코인이 만들어낸 독특한 풍경이다.

SHOPPING

프라하는 기념품을 남기고

"집에 가기 싫다."라고 중얼거리게 되는 여행의 막바지. 일상으로 돌아와 여행지를 추억하고 여행에서의 감동을 주변 사람들과 나누기에 좋은 소소한 기념품을 골라 보자. 작지만 실용적이고 의미 있는 프라하 기념품을 곁에 두고 다시 돌아올 날을 기약한다. 프라하와 우리는 꼭 다시 만난다.

① 마뉴팍투라 맥주 립밤 Kč109

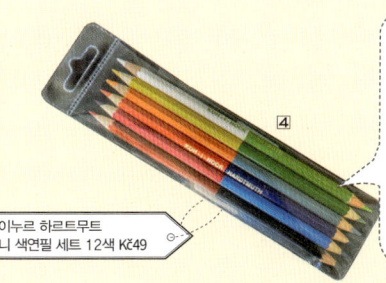

④ 코이누르 하르트무트 미니 색연필 세트 12색 Kč49

노란 연필의 원조. 세계 최초의 노란 연필 '코이누어 1500'이 1889년 파리 세계 박람회에서 인기를 끌게 되면서 다른 회사들이 너도나도 노란색 연필을 생산하기 시작했다. 또 지금도 세계적으로 통용되는 연필 진하기 등급도 이곳이 원조다. Hard와 Bold로 알려진 H와 B심도 원래는 창업자의 성인 하르트무트Hardtmuth와 공장이 위치한 부데요비체Budejovice의 머리글자를 딴 것!

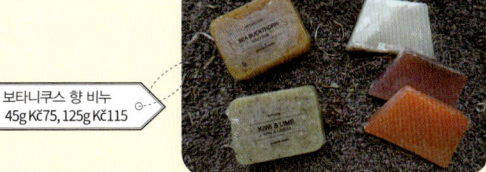

② 보타니쿠스 향 비누 45g Kč75, 125g Kč115

⑤ 피크닉과 피카오 20~30Kč 정도

③ 체코 와플 오플라트키 Oplatky 대형 50~70Kč 정도

① 고소한 시어 버터와 맥주의 향이 나는 립밤. 언제나 내 주머니 속에 지니고 다닐 수 있는 작은 프라하 기념품.

② 향으로 추억하는 프라하. 얼굴 세안을 해도 될 정도로 촉촉하고 향이 싱그러워 쓸 때마다 기분이 좋다. 주변에 선물 돌리기에 안성맞춤.

③ 중세 시대부터 온천 지대의 약수를 넣어 만들기 시작했다는 체코의 웨하스 오플라트키. 커피와 함께 내 오후를 책임질 달콤한 주전부리이다.

④ 여행이 끝나고 나면 힐링을 위한 컬러링 취미를 가져 볼까. 체코의 명품 필기구 회사 코이누르의 색연필과 함께라면 꾸준히 할 수 있을 것 같다.

⑤ 공산주의 시절부터 이어져 내려오는 튜브 타입 연유이자 체코의 대표적인 레트로 상품. 피카오는 초콜릿 맛이다. '이걸 어디다 쓰지' 싶을 테지만 연유 라테를 집에서 쉽게 만들어 먹을 수도 있고 당 보충을 위해 쪽쪽 빨아먹기 시작하면 금세 사라진다. 내 다이어트를 망치러 온 나의 구원자.

⑥ 앙증맞고 귀엽다. 약술이라 하니 몸에도 좋다. 이건 어르신 선물로 딱이다.

⑥ 베헤로브카 미니 Kč99

기념품 가게

BOTANICUS 보타니쿠스
⊙ Týn 3 메트로 A선 · 트램 스타로므녜스츠카 Staroměstská역 도보 8분
☏ 50.088127, 14.423651
☎ 325-551-235 ⏱ 10:00-18:30 (하절기 20:00까지)
※ 기타 추천 상품: 장미 리제너레이션 오일, 장미 크림
Map ⋯ ①-B-2

MANUFAKTURA 마뉴팍투라 (구시가지 광장 지점)
⊙ Celetná 12 메트로 A선 · 트램 스타로므녜스츠카 Staroměstská역 도보 10분
☏ 50.087086, 14.423111
☎ 601-310-608 ⏱ 10:00-20:00
※ 기타 추천 상품: 맥주 샴푸, 보디 워시
Map ⋯ ①-B-2

KOH-I-NOOR HARTDTMUTH 코이누르 하르트무트
⊙ Na Příkopě 26 메트로 B선 · 트램 나므녜스티 레푸블리키 Náměstí Republiky역 도보 4분
☏ 50.086753, 14.427882 ☎ 739-329-019 ⏱ 10:00-20:00
※ 기타 추천 상품: 아직도 1889년도 디자인을 유지하고 있는 노란 연필의 원조 1500시리즈
Map ⋯ ②-E-1

가성비, 가심비 다 잡은 쇼핑

요즘 같은 좋은 세상에 한국에서도 구할 수 있는 브랜드이다. 그러나 현지에서만, 조금 더 저렴한 가격에 살 수 있는 품목들이 분명히 존재한다.

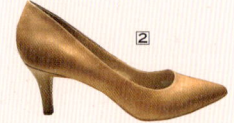

1
SWAROVSKI
스와로브스키
(구시가지 광장 지점)

오스트리아 브랜드로 알려졌지만 본래 오스트리아-헝가리 제국이 보헤미아의 크리스털을 가져다 만든 브랜드이다. 그러니까, 엄밀히 따지고 들자면 체코 기념품이라 해도 되지 않을까. 한국보다 3~5만 원가량 저렴하다.

2
BAT'A
바타
(바츨라프 광장 지점)

1897년 토마쉬 바타가 만든 체코의 국민 신발 브랜드. 양질의 가죽과 유행을 타지 않는 심플한 디자인, 완성도 높은 마무리로 유명한 바타의 제품은 가격 또한 크게 비싸지 않다. 남성 미니 크로스백이 한화로 약 7만 원, 여성용 하이톱 스니커즈가 10만 원 정도.

Celetná 7 메트로 A선·트램 스타로므네스츠카 Staroměstská역 도보 8분
50.087290, 14.423243 ☎ 222-315-585 ⓘ 10:00-22:00 Map → ①-B-2

Václavské náměstí 6 메트로 A·B선무스텍 Můstek역 도보 1분
50.083576, 14.423734 ☎ 221-088-478 ⓘ 월-토 09:00-21:00 일 10:00-21:00 Map → ②-E-2

TIP

코발트 빛 보헤미안 양파 무늬 그릇의 유래

양파 무늬 그릇의 시초는 18세기 말 독일의 마이센Maissen으로 잘 알려져 있다. 중국 백자에 그려진 석류 도안을 양파라고 여기고 똑같이 그린 후 양파 무늬라는 뜻의 '쯔비벨무스터'로 이름 붙였다. 이 무늬가 선풍적인 인기를 끌자 1885년부터 체코의 두비에 자리한 '카를 타이헤르트 마이슨'(현재 '체스키 포르첼란 두비')에서 똑같은 무늬의 그릇을 생산하기 시작한다. 이 제품은 오리지널 마이센보다 훨씬 가격이 저렴해 '서민들의 마이센'으로 불리며 지금까지 큰 사랑을 받고 있다.

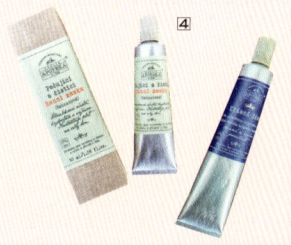

3
DŮM PORCELÁNU PRAHA
프라하 포슬린 하우스

한국 인터넷 쇼핑과 백화점에서 핫하다는 보헤미안 양파 무늬 그릇(쯔비벨무스터)을 현지 가격으로 구매하자. 눈에 보이지 않는 미세한 흠이 있는 2등급 제품의 커피잔은 한화로 9,000원, 역시 별다른 차이를 느낄 수 없는 4등급 제품의 머그잔은 5,000원 정도면 살 수 있다.

📍 Jugoslávská 16 메트로 A선 · 트램 나므녜스티 미루Náměstí Míru역 도보 4분
50.075319, 14.434107 ☎ 221-505-320 ⏰ 월-토 09:00-19:00 일 14:00-17:00 Map → ⑧ - A - 3

4
HAVLÍKOVA PŘÍRODNÍ APOTÉKA
하블리크 아포테카

전통 약초사 하블리크 박사의 제조법과 철학으로 만든 체코 유기농 화장품. 체코 물가를 고려했을 때 결코 저렴한 브랜드가 아니다. 한국에도 온라인 쇼핑몰이 진출해 있으나 프라하에서는 온라인 쇼핑몰에는 없는 대용량 제품들도 살 수 있으며 동일 상품도 한국보다 조금 더 저렴하다.

📍 Jilská 1 메트로 B선 · 트램 나로드니 트르지다Národní třída역 도보 5분
50.084423, 14.418672 ☎ 775-154-055 ⏰ 09:00-21:00 Map → ① - C - 3

PLACES TO STAY

이국적인 것을 탐해 먼 곳까지 날아온 당신에게
프라하에서만 경험할 수 있는 이색 숙소들을 소개한다. 청결과 안락함은 기본.
이제 잠자리에서도 프라하 여행은 계속된다.

이색 숙소 비교 체험

시간이 멈춘 듯, 역사 깊은 체코 전통 가옥

ROMANTICKÝ HOTEL U RAKA
로맨틱 호텔 우 라카

굳게 닫힌 나무 대문의 초인종을 누르자 마음씨 좋아 보이는 할아버지 한 분이 나와서 맞아 주었다. 작은 마당을 지나 방으로 들어간 뒤 문을 닫았다. 로맨틱 호텔 우 라카의 슈페리어 럭셔리 룸. 사위가 고요한 중에 새소리만 드문드문 들렸다. 조금 전까지 북적이는 시내에 있었다는 사실이 믿기지 않을 만큼 평화로웠다. 문득, 시간이 멈춘 듯 모든 것이 아득해졌다.

켜켜이 쌓인 시간이 선사하는 아늑함

이 호텔은 1794년 지어진 목조 가옥에 바탕을 두고 있다. 당시에는 목조 가옥을 흔히 볼 수 있었으나 세월이 지나면서 모두 사라지고 이곳만 유일하게 남았다. 현재 호텔의 운영자는 1987년 지하수로 침수된 데다 일부 벽이 허물어져 있던 이 집을 샀고, 대대적인 복원 공사 끝에 1990년에 호텔로 오픈했다.

내부는 현대식 시설이지만 체코 전통가옥의 분위기를 그대로 살리기 위해 인테리어에 벽돌과 나무 등 친자연 소재를 사용했다. 카펫, 낡은 냄비 등 각종 소품은 벼룩시장에서 구해 비치해 놓은 것. 옛 우물을 메우지 않고 방 안에 그대로 보존해 놓아 이곳이 오래된 집터였음을 다시 한 번 상기시켜 주고, 성냥불만 붙이면 바로 이용할 수 있는 벽난로가 운치를 더한다. 중문을 사이에 두고 방과 연결된 실내 정원은 추운 겨울에도 햇살 아래 차 한잔하기에 참 좋은 공간이었다.

온수도 잘 나오는 깔끔하고 따뜻한 욕실, 냉장고와 미니 바, 금고, 푹신한 침대, 빠른 와이파이 등 좋은 호텔이 갖춰야 할 기본적인 편의시설도 잘 갖추어져 있다. 체코 전통 양파무늬 그릇에 담아 먹는 아침 식사는 소박하고 정겹다.

프라하에서 가장 로맨틱한 장소에 위치한 호텔

프라하성 바로 아래, 노비 스비엣 골목이 시작되는 코너. '로맨틱 호텔'이라는 이름에 걸맞게 프라하에서 가장 로맨틱하고 황홀한 동네에 자리 잡고 있다 해도 과언이 아니다. 저녁 식사 시간 즈음에는 프라하성과 주변의 고색창연한 건물들 위로 석양이 내리는 모습을 볼 수 있다. 또 새벽에 조금만 부지런을 떨면 지저귀는 새소리를 벗 삼아 프라하성까지 다붓한 아침 산책을 다녀올 수 있다. 이곳에서의 모든 순간은 체코라는 나라에서 느낄 수 있는 이국적이고 로맨틱한 경험의 극치이다.

- Černínská 10 트램 브루스니체Brusnice역 도보 5분
- 50.091536, 14.389698
- 210-320-626
- 슈페리어 럭셔리 룸 1박 €185 부터
- www.hoteluraka.cz

Map → ③-A-1

물 위에서의 하룻밤, 블타바강 수상 주택

HOUSEBOAT BENJAMIN & FRANKLIN
하우스 보트 벤자민과 프랭클린

물 위에 떠서 사는 것은 어떤 기분일까? 가까운 거리는 개인 보트를 이용해서 다니는 삶은 어떨까? 소박하고 자연을 좋아하는 체코인들은 블타바강을 이용해 나름의 방식으로 이 같은 삶을 실현하며 살고 있다. 블타바강 수상 주택 밀집촌에 있는 하우스 보트 벤자민에서 강 위에서 사는 삶을 살짝 엿볼 수 있었다.

불편할 것이라는 선입견은 금물

비셰흐라드 맞은 편 갈고리처럼 위로 비죽 솟은 섬 '치스라르즈스카 로우카Císařská louka'에는 캠프장과 하우스 보트 벤자민, 그 옆의 프랭클린을 비롯해 수많은 하우스 보트들이 모여 있다. 이들은 나름의 단지를 이루며 주차장과 보안 시설, 거주 규칙 등을 가지고 있다.

기본적으로 모든 시설과 편의성은 땅 위의 집에 뒤지지 않는다. 방 두 개와 거실 겸 주방, 욕실 하나. 2명에서 최대 8명까지 묵을 수 있다. 공간마다 벽걸이 에어컨 겸 히터가 하나씩 설치되어 있어 일반 가정집보다 단열 효율이 낮아도 문제없이 지낼 수 있다. 또 주변 편의시설과 식당, 에어컨 사용법, 보트 사용법 등을 담은 안내 책자가 비치되어 있고 포켓 와이파이와 유심칩, 그리고 여러 개의 콘센트형 모기약도 무료로 제공한다.

블타바강 위에 숙박할 수 있는 하우스 보트는 여러 대이지만 이 벤자민이 가장 끌렸던 이유는 평점이 매우 높다는 것과 전기 보트를 무료로 대여해 준다는 사실 때문이었다. 호스트는 보트의 운용법과 운행 시 유의점 등에 대해 자세히 설명해 주면서 이 보트는 속도가 느리기 때문에 면허가 없는 사람들도 몰 수 있는 기종이니 가까운 곳이라도 돌아다녀 보라고 권했다.

자연 속에서의 힐링 타임

테라스에서 보이는 예쁜 수변 풍경을 기대하고 이곳에 왔다면 실망할지도 모른다. 강 건너 풍경은 옛 공장지대를 채운 집들과 선박장을 관리하는 배, 맥주 광고판이 보이는 그저 그런 프라하의 일상적인 풍경이기 때문. 게다가 체코 지반에 있는 특정 성분 탓에 블타바강은 탁한 녹색을 띤다.

이 하우스 보트의 진가는 오히려 밤에 테라스에 앉아 있을 때 드러난다. 하늘과 강물은 경계가 사라지고 수면에 반사되어 일렁이는 노란 가로등 빛이 포근하다. 이따금 물고기인지 오리인지 모를 녀석들이 근처에서 잠시 찰랑대는 물소리만 들릴 뿐 차도 건물들도 모두 멀리 떨어져 있어 주변은 고요하다. 검은 강물과 하늘에 둘러싸여 홀로 다른 우주에 와 있는 것처럼 일상의 자잘한 상념은 사라지고 마음이 차분히 가라앉는다.

아침에 잠을 깨운 것은 조잘대는 새소리였다. 자연이 에워싸고 있는 블타바강 하우스 보트에서 여행의 고단함과 일상의 압박을 잊게 해 주는 자연의 치유력을 느껴보자.

⌂ Císařská louka 트램 리호바르Lihovar역 도보 10분
☎ 50.055843, 14.412540
₩ 1박 €70 부터
🏠 http://www.facebook.com/houseboatbenjamin
houseboat.benjamin@gmail.com

이색 숙소 비교 체험

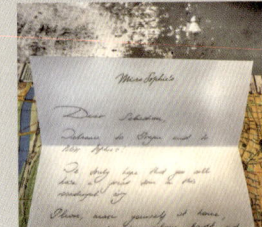

도심에서 만나는 오붓하고 한적한 휴식

MISS SOPHIE'S HOTEL
미스 소피즈 호텔

유럽 도시로의 여행은 힘들다. 긴 비행이 끝난 후에 시차 적응도 해야 하고, 성당이니 미술관이니 돌아다닐 곳도 많아서 유달리 체력 소모도 많다. 그래서 숙소에서만큼은 한적하게 안락함을 누리고 싶지만 고급 호텔은 부담스러울 때, 우리가 향해야 할 곳은 '미스 소피즈 호텔'이다.

미스 소피스 호텔은 이페 파블로바I. P. Pavlova역 인근에 있지만 대로변에서 한 골목 안쪽에 자리 잡고 있어 번화가의 혼잡은 피하면서도 조금만 걸어 나오면 트램과 메트로를 쉽게 이용할 수 있다. '미스 소피스'라는 이름으로 아파트먼트와 호스텔도 함께 운영되는데, 호스텔은 이 호텔과 골목길 하나를 사이에 두고 자매처럼 나란히 서 있다.

고급 호텔 못지않은 섬세한 친절

문을 열고 들어가면 호텔 직원이 함박웃음으로 반긴다. 인테리어는 화이트와 그레이를 기본으로 해 고급스러운 느낌을 주는데, 노란색 포인트 컬러가 재기발랄하다.

객실 곳곳에도 기발하고 귀여운 인테리어들이 숨어 있어 미소를 자아낸다. 또 담당 직원이 직접 쓴 웰컴 레터가 놓여 있고 체코의 스파클링 와인인 '보헤미안 젝트Bohemian sekt', 스낵, 물 한 병이 무료로 제공된다. 침구도 크고 매트리스도 푹신하다. 욕실도 널찍하니 이 정도면 고급 호텔의 퀄리티가 부럽지 않다.

조식은 맞은편에 있는 호스텔의 식당으로 가서 먹어야 한다. 특별할 건 없지만 다양한 종류의 빵과 시리얼, 신선한 햄과 치즈, 과일과 채소는 물론이거니와 베이컨과 소시지, 계란 요리와 팬케이크 등 따뜻한 음식들도 있으니 우리가 호텔 조식에서 기대할 수 있는 모든 것들이 다 갖추어져 있다고 하겠다. 스태프에게 이야기하면 두유와 구운 채소 등 비건식 메뉴도 즉시 준비해 준다. 식사하는 중간중간, 스태프들이 팬을 들고 테이블 사이를 오가며 음식을 직접 접시에 덜어주는 등 작은 곳에서 빛나는 친절함이 이곳의 크나큰 매력이다.

보석 같은 스파와 정원

이 호텔이 갖춘 특별한 시설은 바로 투숙객 누구나 이용할 수 있는 스파. "투숙객의 몸과 마음을 따뜻하게 돌보는 공간이 되고 싶다"는 소망으로 2018년 하반기에 개장했다. 규모는 작지만 깔끔하고 시설은 현대적이다. 자쿠지뿐만 아니라 건식 사우나, 사우나 베드까지 갖추고 있다. 체크인 시 예약해서 이용할 수 있는데 90분 이용에 가격은 시즌에 따라 Kč1,000~1,500선이다. 과일과 간단한 드링크 서비스도 포함되어 있다.

스파의 가격이 부담스럽다면 정원에서의 한가한 휴식은 어떠한가. 리셉션 데스크 뒷문으로 나가면 작은 정원을 만날 수 있는데, 유럽 주택에서 흔히 볼 수 있는 중정을 투숙객들에게 개방해 놓은 것이라 프라하 로컬의 삶의 양식도 엿볼 수 있다. 호스텔 바에서 주문한 커피를 가져다 달라고 요청해 정원에서 작은 커피 타임을 즐겨 보자. 고요한 가든 카페 한 채를 통째로 전세 낸 느낌이 들 게다.

⊙ Melounova 3 메트로 C선 · 트램 이페파블로바I.P. Pavlova역 도보 3분
⊙ 50.075235, 14.426808
☎ 210-011-200
⊙ 싱글 룸 €50부터, 더블 룸 €60부터
⌂ www.miss-sophies.com

Map → ②-E-3

오늘은 또 무슨 일이, 시끌벅적 호스텔

CZECH INN
체크 인

여행을 빛내 주는 것은 여행지에서 만난 사람들. 생판 모르는 사람과 함께 자야만 하는 호스텔은 불편할 수도 있지만 다양한 친구를 사귀기에는 호스텔만 한 곳도 없다. 말이 통하지 않아도 서로 세탁기 앞에서 어제 산 초콜릿을 나누어 먹으며 싹트는 우정 같은 거 말이다. 게다가 호스텔에서 새로운 사람을 만날 수 있는 다양한 이벤트를 열어 준다면? 시끌벅적, 왁자지껄한 여행객들의 낭만을 느낄 수 있는 호스텔, 여기 '체크 인'이다.

거대한 호스텔 궁전

체크인의 리셉션은 매우 작다. 그러나 그 뒤에는 중문에 중문을 거쳐 8인실, 4인실, 2인실 등 형태도 가격대도 다양한 방이 수도 없이 펼쳐져 있다. 가장 저렴한 것은 군 내무실처럼 2층 침대가 빽빽이 들어선 지하의 34명 혼성 도미토리. 이 방은 할인가로 6,000원대에도 예약이 가능한 방인데, 각종 호텔 사이트에서 청결 면에서 꽤 괜찮은 점수를 기록하고 있다. 가장 마음에 들었던 방은 여성용 7인실. 전용 부엌과 샤워실이 따로 있었는데 빨간색으로 포인트를 준 인테리어와 천장에 옷걸이를 대롱대롱 매달아 놓은 장식이 귀엽다. 체크 인은 워낙 방의 형태와 입실 인원수가 다양한 곳이라 어떤 방에 머무느냐에 따라 각기 다른 경험을 할 수 있을 것이다.

리셉션에서는 환전도 해 주고 교통 티켓도 판매한다. 호스텔 바로 앞에 프라하의 주요 관광지를 지나는 22번 트램이 있어 시내까지의 접근성도 좋다. 이 호스텔 바로 앞에 놓인 크림스카 거리는 전성기의 활기를 많이 잃기는 했지만, 한때 론리플래닛도 소개한 프라하 힙스터들의 집합소였다. 가격과 시설을 모두 고려했을 때 프라하 최고의 호스텔이라는 평을 듣고 있으면서도 본사에서는 두 달에 한 번씩 시크릿 쇼퍼를 파견해 자체적인 서비스 품질 검증과 개선을 게을리하지 않는다.

매일 열리는 다양한 이벤트

체크 인이 다른 호스텔과 차별화되는 또 다른 이유는 여행객들을 위한 다양한 행사를 정기적으로 운영하기 때문이다. 가장 성대한 규모로 열리는 것은 현지인들도 와서 즐긴다는 스탠드업 코미디쇼와 가라오케. 가라오케 같은 경우 때로는 200명의 사람들이 모여 노래하고 춤추는 파티로 변신하기도 한단다.

그리고 영어를 잘 하지 않아도 참여할 수 있는 빙고와 비어 테이스팅도 있다. 비어 테이스팅 이벤트에서는 주머니 가벼운 여행자들을 위해 Kč50만 내면 6가지 맥주를 시음하고 또 각각의 맥주에 대한 다양한 이야기도 들려 준다. 최근에는 체코의 수제 맥주까지 그 범위를 확대했다.

이러한 정기적 이벤트 외에도 재즈 콘서트, 디제잉 파티 등이 열리기도 하며 좀 더 많은 투숙객을 즐겁게 하고자 살사나 스윙 댄스 워크숍 같은 이벤트도 고려하고 있다고.

이런 이벤트가 열리는 곳은 주로 지하의 바. 숙소 부분과 완벽히 분리되어 있어 소음은 걱정하지 않아도 된다. 그저 각국에서 온 다양한 젊은이들을 만나겠다는 열린 마음을 가지고 체크 인에 묵어 보자.

📍 Francouzská 76 트램 Krymská역 도보 1분
🌐 50.071856, 14.446217 ☎ 210-011-100 💰 지하의 34명 혼성도미토리 €5부터
🏠 www.czech-inn.com Map → ⑧-C-4

이색 숙소 비교 체험

관광지 한복판 루프톱 아파트먼트

WENCESLAS SQUARE TERRACES
바츨라프 광장 테라스

숙소를 선정하는 데 있어 위치가 중요한 기준이 되기도 한다. 넉넉지 않은 일정으로 와서 열심히 돌아다니다 저녁이 되면 한시라도 빨리 여독이 쌓인 몸을 푹신한 침대에 누이고 싶어지니까. 바츨라프 광장 테라스 아파트먼트는 모든 주요 관광지와의 접근성이 뛰어나 밤이 늦은 시간에도 숙소에 돌아갈 방법을 걱정할 필요가 없다. 게다가 내부는 쾌적하고 아름다운 객실 전망까지 갖췄으니 더 이상 바랄 게 없는 곳.

프라하의 활기와 낭만을 한눈에
이곳은 번화한 바츨라프 광장의 끝자락, 신발가게 '바타'의 맞은편에 위치한다. 메트로 A, B선이 지나는 무스텍역과 도보로 3분 거리이며, 하벨 시장과 고작 5분, 천문시계와도 8분 정도 떨어져 있다. 가장 가까운 트램 정거장인 바츨라프스케 나므네스티역도 수많은 트램 라인이 지나는 교통의 요지. 다른 유럽 도시보다 대중교통이 늦게까지 다니고 치안이 좋은 프라하이니만큼 밤늦게까지 일정을 소화하고 돌아오기에 걱정이 없다.

게다가 뷰는 또 어떤가. 7층짜리 건물의 6, 7층에 있어 바츨라프 광장에서 관광객들이 분주히 오가는 모습이 내려다보인다. 걸어 다닐 때는 번잡하다고만 여겨졌던 바츨라프 광장도 7층 테라스에서 바라보니 꽤 이색적인 볼거리로 다가온다. 무엇보다 멀리 바라다보이는 프라하성 전망은 이 아파트먼트의 하이라이트. 덕분에 해가 뜰 때 은은하게 밝아 오는 프라하성의 모습, 늦은 오후 햇빛에 짙은 음영을 드리우거나 밤에 찬란하게 빛나는 프라하성의 모습을 모두 눈에 담을 수 있으니 과연 프라하의 활기와 낭만을 한눈에 조망할 수 있는 이색적인 숙소가 아닐 수 없다.

깔끔하고 쾌적한 객실
방의 크기는 아담하나 필요한 물품들은 구매구매 잘 갖추어져 있다. 조리 도구들은 청결하며 네스프레소 기계와 캡슐, 차도 비치되어 있다. 청소해 달라는 푯말을 문고리에 걸어 두면 룸 클리닝 서비스도 언제든지 이용할 수 있고, 아침에 늦잠을 부리고 싶은 여행자들을 위해 8유로를 내면 원하는 시간에 아침 식사를 방까지 가져다주는 서비스도 있다.

번화가에 있는 숙소가 갖춰야 할 덕목 중 하나는 거리의 소음을 잘 차단하는 것. 방음 창호 덕분인지 늦은 밤에도 소음에 방해받지 않고 깊이 잘 수 있다. 다만 평일에는 7시 45분부터 바로 맞은편 눈의 성모 마리아 성당에서 울리는 종소리가 들리는데 이 정도는 유럽 도시의 낭만이라 여길 만한 수준이다.

Václavské náměstí 3 메트로 A · B선 무스텍Můstek역 도보 3분, 트램 바츨라브스케이므녜스티 Václavské náměstí역 도보 4분
50.083944, 14.424436 ☎ 608-508-046
테라스가있는 2인용 아파트먼트 1박 최고가 €202
http://www.ws-terraces.com
Map → ② - E - 2

프라작처럼 즐기는 로컬 라이프

TASTE OF PRAGUE APARTMENT
테이스트 오브 프라하 아파트먼트

프라하의 진정한 맛집들을 골라 소개하는 '테이스트 오브 프라하' 푸드 투어의 창립자 얀과 주지 얀의 할머니가 살던 오래된 아파트를 새 단장해 여행자에게 렌트하고 있다. 자칭 여행광인 얀과 주지가 말하는 이 숙소의 톤 앤 매너는 확실하다. 그들이 여행할 때 숙소에 있었으면 하는 모든 것을 갖춰 놓은 안락한 곳. 그리고 로컬의 생활을 경험할 수 있는 곳.

로컬 라이프를 즐기기 위한 최고의 위치
트램을 기다리는 할아버지, 유모차를 끄는 아주머니. 작지만 소중한 현지인들의 일상은 프라하성을 마주했을 때와는 또 다른 감상을 불러일으킨다. 이 아파트먼트가 위치한 레트나, 홀레쇼비체 지역은 주거 지역이자 로컬들이 주로 오가는 곳이다. 레트나 공원과 스트로모브카 공원이 걸어서 10분 이내에 위치해 있어 산책 나가기에 좋다. 밤에는 숙소 건물 1층에 위치한 영화관 비오 오코의 바에서 영화관 데이트를 즐기는 커플들을, 코브라 바에서 프라하의 힙스터들의 모습에 빠져 보자. 어슴푸레 트램이 지나가는 소리에 눈을 뜬 아침, 각자의 일터로 향해 서둘러 골목길을 나서는 모습을 내려다보며 커피 한잔하는 여유를 느껴보는 것은 어떨까. 어쩐지 프라하에 나만의 '우리 동네'가 생긴 것 같은 느낌이 들 것이다.

멋스러운 취향과 따뜻한 배려가 돋보이는 공간
아파트 내부는 얀과 주지가 좋아하는 것들, 그리고 여행자를 위한 작은 배려로 가득 차 있다. 네스프레소 커피와 차뿐만 아니라 미니 바에는 푸드 투어 운영자의 까다로운 입맛으로 고른 체코 와인과 리큐어가 비치되어 있다. 숙소에 남아 뒹굴뒹굴하고 싶은 날을 위해 체코 여행 화보집과 참신한 잡지의 대명사인 〈모노클〉, 프로젝터와 고전 영화 DVD, 뉴에이지와 재즈 CD, 카드와 보드게임, 향초 등도 갖춰 놓았다. 식탁 위에 올려진 검은색 책자에는 모든 전자기기의 사용법과 함께 숙소 주변의 맛집과 편의시설을 꼼꼼하게 정리해 놓았고 프라하의 맛집 73개를 직접 선정해 엮은 맛집 가이드북 〈테이스트 오브 프라하〉도 비치되어 있다. 또 각종 상비약과 여행용 멀티 어댑터, 건전지도 넉넉하게 준비되어 있다.
한쪽 벽에는 투숙객들이 분필로 프라하 여행 팁, 후기, 기발한 문구를 남겨 놓을 수 있게 했고, 숙소 주변의 명소들을 귀여운 일러스트로 그려 놓았다. 무엇보다 여행자들의 마음을 사로잡는 것은 킹사이즈의 고급 라텍스 침대일 것이다. 얀은 그들의 숙소에서 가장 중요하게 여기는 것이 커다란 침대와 편안한 매트리스이기에 좋은 침대를 놓는데 신경을 많이 썼다고 했다.

Frantiska Krizka 11 트램 카메니츠카|Kamenická역 도보 2분, 트램 스트로스마예로보 나므네스티|Strossmayerovo náměstí역 도보 4분
50.099686, 14.430304 603-252-810
1박 최고가 €100 (최소 3박 이상 투숙 가능, 7박 투숙시 6박 요금만 지불) www.tasteofprague.com Map → ⑦-B-1

몸도 마음도 편하다, 가성비 높은 숙소

프라하에서 하는 경험을 유럽의 다른 수도에서 한다면 얼마가 드는지 따져보는 일. 프라하 여행의 효용을 한껏 높일 수 있는 방법이다. 파리나 런던, 마드리드였다면 도시 외곽에 있는 오래된 숙소에 머물러야 했을 돈으로 프라하에서는 시내 한복판에 위치하며, 전망도 좋은 최신식 호텔에 머물 수 있다. 프라하에서만은 잘 자고 푹 쉬자!

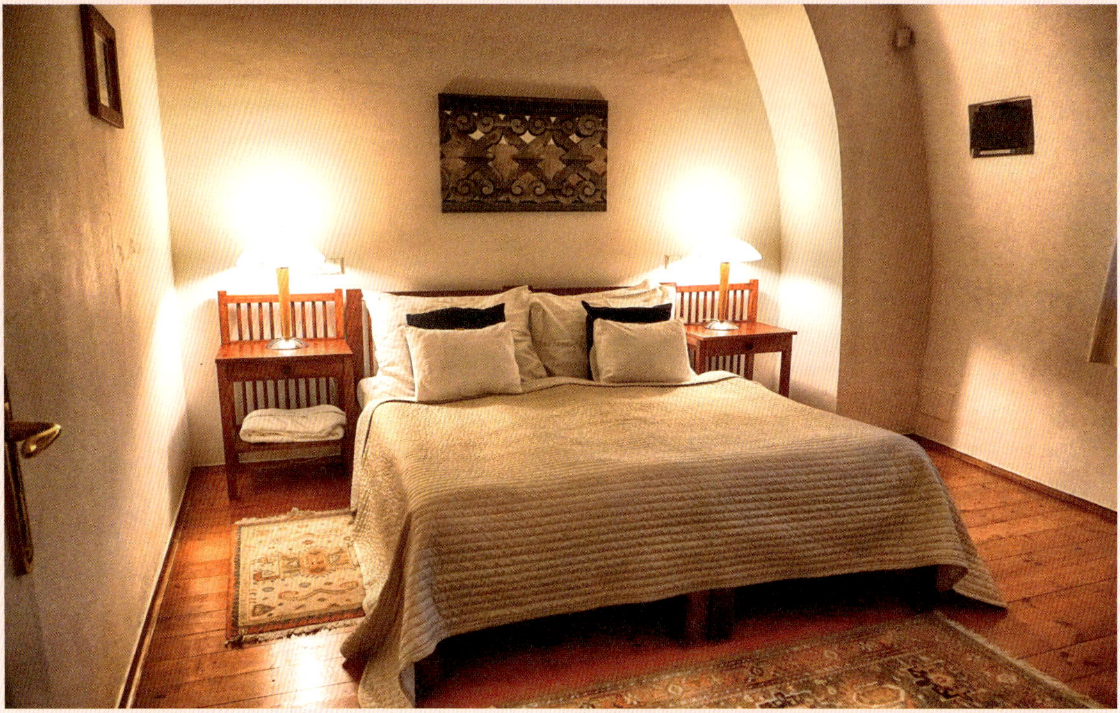

DOMUS HENRICI
도무스 헨리치

프라하성 근처 부티크 호텔. 오래된 곳이라 작고 소박하기는 하지만 과하게 꾸미지 않은 실내 장식이 편안함을 준다. 2층에 있는 자그마한 테라스와 디럭스 룸에서는 스트라호프 수도원과 페트르진 타워, 시내의 뷰가 한눈에 들어온다. 20년이나 되었다고는 믿을 수 없을 만큼 구석구석 청결하고 난방 설비를 최근에 리모델링해 겨울에도 따뜻하다. 4인이 묵을 수 있는 스위트 룸의 최고가는 €150, 전망이 좋은 디럭스 룸의 최고가는 €130이다. 여행 날짜가 임박해서 예약하면 디럭스 룸을 €65 정도에도 이용할 수 있다.

📍 Loretánská 11 트램 포호르 제레츠Pohořelec역 도보 6분
📍 50.088435, 14.393841
☎ 220-511-369
🏠 www.domus-henrici.cz
Map → ③ - A - 1

2 ANDEL'S BY VIENNA HOUSE
안델스 바이 비엔나 하우스

스미호프 지역 교통의 요지인 안멜역에 자리 잡고 있으며 현대적이고 깔끔한 인테리어가 특징인 호텔 체인이다. 이곳의 가장 큰 매력은 기구가 제대로 갖춰진 헬스장을 무료로 이용할 수 있다는 것과 객실마다 여독을 풀어 줄 욕조가 놓여 있다는 것. 아침 조식이 푸짐하며, 아시아 투숙객들을 배려해 밥과 미소 된장국까지 준비해 놓았다. 아파트먼트와 스튜디오 등 다양한 형태의 객실이 있고 성수기에는 €160 정도 되는 가격이지만 비성수기에는 €70 선에 이용할 수 있다.

⊕ Stroupežnického 21 메트로 B선 : 트램 안델Andel역 도보 2분
⊕ 50.070925, 14.402552
☎ 296-889-688
⌂ www.viennahouse.com
Map → ④

3 MEETME23
미트미23

프라하 중앙역 바로 앞에 새로 오픈한 부티크 호텔. 호텔의 마스코트인 '블루맨'이 여기저기 숨어 있는 펑키한 인테리어가 눈길을 끈다. 기숙사식 다인실부터 가족용 4인실까지 다양한 형태의 방 내부는 모던하고 단순하지만 갖출 것은 다 갖췄다(헤어드라이어는 방마다 비치되어 있지 않지만 리셉션에 이야기하면 받아갈 수 있다). 조식까지 포함한 일반 더블 룸의 최저가는 €70, 최고가는 €1200이다. 지하에 필스너 우르켈 생맥주를 즐길 수 있는 유쾌한 레스토랑 미트 비어도 함께 운영한다.

⊕ Washingtonova 23 메트로A선무제움 Muzeum역 도보 5분 메트로 C선 흘라브니 나드라지Hlavní nádraží역 도보 1분, 트램 흘라브니 나드라지Hlavní nádraží역 도보 6분
⊕ 50.082321, 14.432293 ☎ 601-023-023
⌂ www.meetme23.com
Map → ②-F-2

몽해마안 스위스 (마이센)

독일과 국경을 맞댄 곳에 자리한 국립공원에서
동화작가 안데르센과 시인 라이너 마리아
릴케도 반한 앙증맞은 풍경을 만나 보자

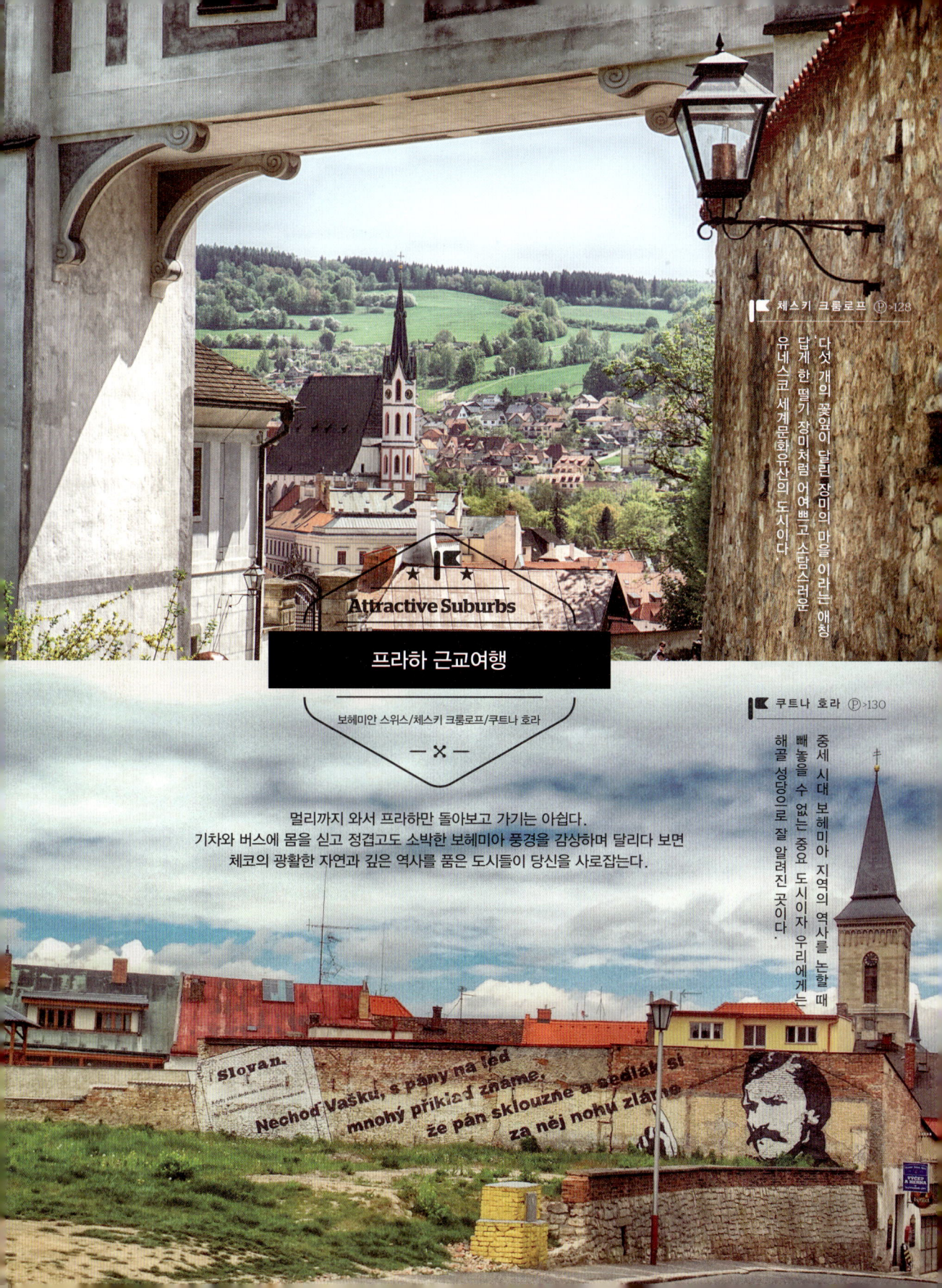

Attractive Suburbs

프라하 근교여행

보헤미안 스위스 / 체스키 크룸로프 / 쿠트나 호라

멀리까지 와서 프라하만 돌아보고 가기는 아쉽다.
기차와 버스에 몸을 싣고 정겹고도 소박한 보헤미아 풍경을 감상하며 달리다 보면
체코의 광활한 자연과 깊은 역사를 품은 도시들이 당신을 사로잡는다.

■ 체스키 크룸로프 ⓟ>128

다섯 개의 꽃잎이 달린 장미의 마을이라는 애칭답게 한 떨기 장미처럼 어여쁘고 손탐스러운 유네스코 세계문화유산의 도시이다.

■ 쿠트나 호라 ⓟ>130

중세 시대 보헤미아 지역의 역사를 논할 때 빼놓을 수 없는 중요 도시이자 우리에게는 해골 성당으로 잘 알려진 곳이다.

프라하근교여행

01 보헤미안 스위스
České Švýcarsko

신비로운 보헤미아의 대자연과 만나다

현지어로 '체스케 슈비차르스코'라고 불리는 보헤미안 스위스. 독일과 체코의 국경에 걸쳐 있는 광대한 국립공원으로, 독일 부분은 작센 스위스로 불린다. 울창한 산림 속을 걸으며 겹겹이 펼쳐진 수려한 산세, 진기하게 솟은 사암 절벽의 절경을 감상해 보자. 위대한 자연의 품에서 몸과 마음이 정화되는 시간이다.

PRAVČICKÁ BRÁNA
프라프치츠카 브라나

보헤미아 스위스의 상징과도 같은 사암 아치로 허공으로 뚫린 부분의 높이만 16m, 다리 상판의 최고 높이 21m, 좌우 길이 27m에 달하는 유럽에서 가장 큰 사암 다리이다. 쉬엄쉬엄 걷다가 프라프치츠카 브라나의 전경을 마주할 때 '아!' 하고 외경의 탄성을 내지르게 될 것이다. 모래와 비바람, 그리고 시간이 세워낸 거대한 형상 앞에 갑자기 우리의 존재는 너무도 작아진다. 하늘을 가로질러 뻗은 돌무지개 넘어 천상의 세계가 펼쳐질 것만 같다.

🕐 4-10월 10:00-18:00, 11-3월 금-일 10:00-16:00
💰 성인 Kč75, 3-15세 미성년자·65세 이상 노인 Kč25

가는 방법

프라하 중앙역에서 기차로 약 1시간 40분~2시간 정도 달려 데친 중앙역 Děčín hlavní nádraží 으로 가자.
데친역에서 나오자 마자 바로 오른쪽에 위치한 버스 정류장에서 434번 버스로 갈아탄다. 내리는 버스 정류장은 원하는 하이킹 코스에 따라 달라지는데, 프라프치츠카 브라나 역까지는 30~40분 정도 소요된다.
1. 흐르젠스코, 크 소우테스캄 Hřensko, K soutěskam역 :
에드문드 협곡까지 걸어갈 수 있는 하이킹 시작 코스.
2. 흐르젠스코, 프라프치츠카 브라나 Hřensko, Pravčická brána역 :
프라프치츠카 브라나에서 가장 가까운 정류장.
3. 흐르젠스코, 메즈니 로우카 Hřensko, Mezni Louk역 :
가브리엘라 길을 따라 프라프치츠카 브라나를 가기에 좋다.
능선을 따라 난 가브리엘라의 길은 완만하며 경치를 감상하며 갈 수 있다.
4. 흐르젠스코, 메즈나 Hřensko, Mezna역 :
에드문드 협곡과 와일드 협곡 보트 투어가 가까운 정거장이다.

협곡 보트 투어

레베강(독일어 엘베강)으로 흘러 들어가는 카메니체강에서 매년 4월에서 10월까지 보트 투어를 즐길 수 있다. 보트 인솔자가 긴 나무 막대로 강바닥을 밀어 움직이는 방식으로 협곡을 지나면서 코끼리 바위, 원숭이 가족 등 자연이 만들어낸 재미있는 모양의 바위들을 구경할 수 있다(설명은 체코어, 독일어). 코스는 크게 490m 정도 되며 중간에 인공 폭포를 볼 수 있는 에드문드 협곡Edmundova soutěska과 250m 길이의 고요한 와일드 협곡Divoka soutěska으로 나뉜다.

⏰ 4-9월 09:00-17:00, 10월 09:00-16:00
💰 에드문드 협곡: 성인 Kč80, 3-15세 미성년자 · 65세 이상 노인 Kč40, 와일드 협곡: 성인 Kč60, 3-15세 미성년자 · 65세 이상 노인 Kč304

U FOŘTA 우 포르즈타

펜션과 레스토랑을 겸하는 곳. 음식은 전형적인 체코식이고, 메즈니 로우카에 위치한 숙소는 산중에 호젓하게 자리 잡고 있어 국립공원의 입구인 흐르젠스코에 위치한 숙소 보다 훨씬 고요하고 목가적인 분위기를 풍긴다.

📍 Mezná 37, Hřensko ⦿ 50.873800, 14.316973 ☎ 412-554-090
⏰ 월-목 11:00-20:00 금토 11:00-22:00 일 11:00-19:00 💰 슈니첼 Kč139

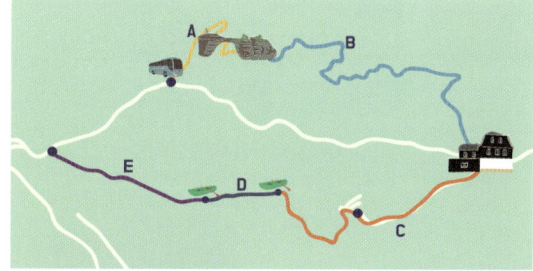

보헤미안 스위스 추천 루트

프라프치츠카 브라나와 가브리엘라 길, 에드문드 협곡 보트 투어까지 할 수 있는 코스로, 식사 시간을 포함해 7~9시간 정도 걸린다.
(A) 버스 정류장 프라프치츠카 브라나역에서 내려 프라프치츠카 브라나까지 올라간다. (약 1시간 10분)
(B) '가브리엘라 길'을 따라 메즈니 로우카Mezni Louka에 도착. (약 2시간) 레스토랑 우 포르즈타U Foŕta 에서 점심을 먹자.
(C) 메즈니 로우카에서 에드문드 협곡 보트 선착장까지 걷는다. (약 1시간)
(D) 에드문드 계곡에서 보트 투어(약 20분)
(E) 노란색 루트를 따라 흐르젠스코Hřensko, 크 소우테스캄K soutěskam 역까지 되돌아 온다. (약 40분) 여기서 434번 버스를 타고 데친 기차역으로 다시 돌아오면 투어 끝!

TIP

전망대

프라프치츠카 브라나 뒤를 돌면 전망대로 오르는 길이 나온다. 전망대에 올라 프라프치츠카 브라나와 안개에 둘러싸인 산봉우리, 안데르센이 '체코의 후지산'이라고 했던 장미의 언덕Růžový vrch을 바라보는 뷰는 기가 막힌다.

프라하 근교 여행

체스키 크룸로프
Český Krumlov

강 위에 피어난 한 송이 장미

13세기부터 각 시대별 건축 양식이 고스란히 보존되어 유네스코 세계문화유산으로 지정된 체스키 크룸로프로의 여행은 과거로의 시간 여행과도 같다.

가는 방법

안델역 근처 나 크니제치 버스 터미널 Autobusové nádraží Praha Na Knížecí 에서 레지오젯 버스를 이용하면 약 3시간 만에 체스키 크룸로프 중앙 버스 터미널에 닿을 수 있다. 매일 06:00부터 21:00까지 매시 정각에 출발하며 가격은 Kč129~Kč1890이다. 체스키 크룸로프 관광 안내센터가 있는 스보르노스티 광장까지는 버스 터미널에서 도보로 10분 정도 걸린다.

STÁTNÍ HRAD A ZÁMEK ČESKÝ KRUMLOV 체스키 크룸로프성

블타바강 상류 절벽 위에 그림같이 솟아있는 체스키 크룸로프성은 14세기부터 19세기까지 오랜 시간을 두고 증축된 까닭에 각기 다른 건축 양식이 혼재되어 있으면서도 절묘한 조화를 이루고 있는 것이 매력. 성 주변에는 체스키 크룸로프의 전망 포인트가 여러 개 있고, 화려한 성의 인테리어와 거대한 황금 마차를 볼 수 있는 제1 가이드 투어도 추천할 만하다. 또 여름에는 유럽에서 가장 아름답고 잘 보존되어 있다는 바로크식 극장과 정원도 방문해 보자.

TIP
복잡한 개장 시간과 입장료

가이드 투어의 일자와 종류, 성내 구역마다 개장 시간과 입장료가 다른 데다가 매년 바뀌기까지 한다. 꼭 웹사이트에서 미리 체크하자.
www.zamek-ceskykrumlov.cz Map … ⑨-E-1

⊕ Zámek 59
⊕ 48.812551, 14.315581
☎ 380-704-738
⊕ 운영 시간 및 입장료

(A) 제1 투어(55분)
르네상스부터 바로크 시대까지 성의 인테리어를 둘러보는 투어. 큰 황금 마차가 있는 에겐베르크 홀, 화려한 벽화들이 인상적인 가장무도회 홀을 볼 수 있다.
▶ 4-10월 운영
▶ 영어 해설: 성인 Kč320, 6-26세 미성년자·학생 및 65세 이상 Kč220

(B) 제2 투어(55분)
슈바르젠베르크 가문의 역사 위주의 투어

▶ 6-9월 운영
▶ 영어 해설: 성인 Kč240, 6-26세 미성년자·학생 및 65세 이상 Kč170

(C) 바로크 극장
▶ 5-10월 화-일 10:00-15:00
▶ 영어 해설: 성인 Kč350, 6-26세 미성년자·학생 및 65세 이상 Kč250

(D) 체스키 크룸로프성 역사박물관
▶ 2-12월 운영
▶ 성인 Kč100, 6-26세 미성년자·학생 및 65세 이상 Kč70

(E) 성 전망탑
▶ 2-12월 운영
▶ 성인 Kč100, 6-26세 미성년자·학생 및 65세 이상 Kč70

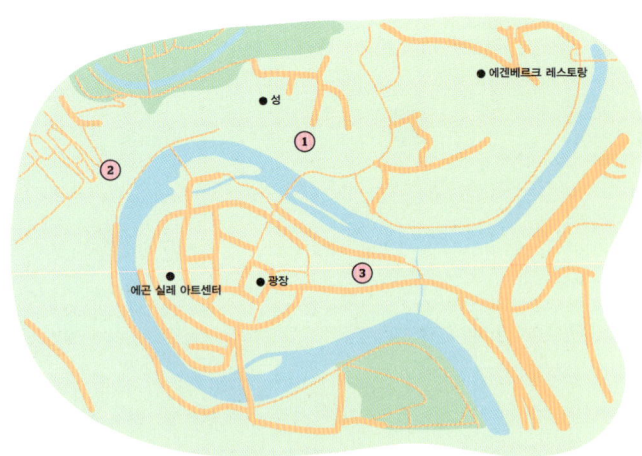

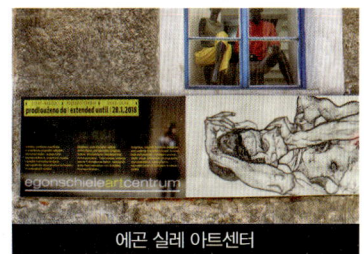

에곤 실레 아트센터

오스트리아 출신 화가 에곤 실레는 어머니의 고향이자 아름다운 체스키 크룸로프에 매료되어 잠시 이곳에서 머물며 작품 활동을 했다. 에곤 실레 아트센터에는 그가 그린 체스키 크룸로프의 작품과 체코 현대 미술 작품들이 전시되어 있다. 체스키 크룸로프를 향한 실레의 애틋함을 엿볼 수 있는 시간.

ⓐ Široká 71 ⓖ 48.810736, 14.313244
☎ 380-704-011 ⓗ 10:00-18:00
₩ 성인 Kč180, 6-15세 미성년자 Kč60, 26세 이하 학생 및 장애인 Kč90, 65세 이상 Kč130
Map → ⑨-D-2

MORE INFO

이발사 다리의 유래

요양차 체스키 크룸로프에 와 있던 루돌프 2세의 서자 돈 율리우스(1584~1609)는 이발사의 딸 마르케타에게 반해 그녀를 정부로 삼았다. 어느 날 마르케타는 죽은 채 발견되고 모두들 조현병 증세가 있고 마르케타를 학대하던 돈 율리우스를 용의자로 의심했지만 오히려 그는 범인을 찾았다며 잔인하게 마을 주민들을 고문했다. 이발사는 더 이상의 비극을 막겠다는 생각으로 자신이 죽였다는 거짓 자백을 하고는 사형을 당했다. 이 이발사를 기리기 위해 만들어진 것이 이발사의 다리, 라브제니츠키. 그러나 실제로는 돈 율리우스가 살해범으로 밝혀져 종신형에 처해졌다.

LATRÁN, LAZEBNICKÝ MOST
라트란 거리와 이발사의 다리

시대별로 아름다운 주택 양식이 가장 잘 보존되어 있어 체스키 크룸로프 역사 지구의 핵심이라 할 수 있는 라트란 거리. 지금은 길을 따라 레스토랑과 귀여운 소품점이 줄지어 늘어서 있다. 이 길의 끝에는 1602년에 완공된 체스키 크룸로프의 9개 성문 중 하나, 부데요비체 문이 남아 있으며, 다른 한끝은 '이발사의 다리'라고 불리는 라브제니츠키 다리를 통해 시내 중심가와 이어진다.

ⓖ 48.811987, 14.315914 Map → ⑨-E-1

여름에는 이것도!

블타바강 보트 투어

여름이 되면 블타바강 상류에서 래프팅하려는 사람들이 많이 모여든다. 관광지 근처의 강물은 유유히 굽어 가로 초보자도 쉽게 래프팅이나 카누 타기를 시도해 볼 수 있다.

Vltava Sportservis 블타바 스포츠 서비스

ⓐ Hradební 60
ⓖ 48.809654, 14.314101
☎ 380-711-988
ⓗ 4-10월 초 9:00-17:00
₩ 2 km 체스키 크룸로프 코스 (30분-1시간): 1인당 1인용 카약 Kč350, 2인용 Kč300, 3-6인용 Kč250
Map → ⑨-E-2

Maleček 말레첵

ⓐ Kaplická 27
ⓖ 48.810491, 14.318761
☎ 602-487-051
ⓗ 4-10월 초 8:30-19:00
₩ 체스키 크룸로프 코스 (30분-1시간): 1인당 1-3인용보트 Kč350, 4-7인용 Kč300
Map → ⑨-F-2

NÁMĚSTÍ SVORNOSTI
스보르노스티 광장

네모반듯한 작은 광장 주변을 각양각색의 건물들이 에워싸고 있고, 흑사병을 물리친 것을 기념하는 마리아 탑이 광장 한가운데 자리한다. 시청이 위치한 체스키 크룸로프의 중심가로, 크리스마스, 부활절 등 철마다 장이 들어선다.

ⓖ 48.810502, 14.314914 Map → ⑨-E-2

DON'T MISS

체스키 크룸로프 뷰 포인트

체스키 크룸로프에도 역사적으로 의미가 있는 성당이나 박물관들이 있지만 구석구석 아름다운 이 도시에서는 길거리를 걷거나 높은 곳에 올라가 동화 속에 나올법한 성과 시가지를 내려다보는 것이 더 온당한 듯하다. 굽어 돌아가는 블타바강을 끼고 동그랗게 빚어진 체스키 크룸로프의 시가지를 보고 있노라면 과연 여기가 강 위에 피어난 한 송이 꽃 같은 도시임을 절로 알 수 있다.

① 체스키 크룸로프 탑

② 성의 망루

③ 세미나르니 정원 Seminární zahrada

체스키 크룸로프에서는 에겐베르크를 마시자!

체스키 크룸로프에 기반을 둔 양조장 에겐베르크는 1336년까지 기원을 거슬러 올라간다. 들큰하지 않고 진한 훈연 향 가득한 다크 비어가 특히 유명하다. 에겐베르크 양조장에서 운영하는 레스토랑에서 홉 향이 진하면서도 부드러운 비여과 라거를 시도해 보자.

ⓐ Pivovarská 27
ⓖ 48.813306, 14.319474
☎ 380-711-917 ⓗ 10:00-22:00
₩ 에겐베르크 다크 0.5L Kč30

프라하근교여행

03 쿠트나 호라
Kutná Hora

해골 성당으로 알려진 중세 은광 도시

중세 시대 은광과 이에 관련된 유적들이 잘 보존되어 있어 1995년 유네스코 세계문화유산에 등재된 곳이다. 지금은 한때 인구 7만의 대도시였다는 사실이 믿기지 않을 만큼 조용한 시골 마을. 성 바바라 대성당 언덕에 올라 평화로운 쿠트나 호라의 경치를 감상하고 세들레츠 해골 성당에도 들러 보자.

가는 방법

프라하 중앙역에서 쿠트나 호라 중앙역Kutná Hora hlavní nádraží으로 가는 기차가 매시 5분, 24분에 있다. 5분에 출발하는 직행 기차는 약 50분 정도 소요되며, 24분에 출발하는 기차는 콜린을 경유해 1시간 10분 정도 소요된다. 쿠트나 호라 중앙역에서 다른 기차로 환승해 해골 성당과 성모 승천 대성당이 있는 쿠트나 호라-세들레츠Kutná Hora-Sedlec역은 6분, 나머지 볼거리들이 있는 쿠트나 호라 므네스토Kutná Hora město역은 7분이 소요된다.

CHRÁM SV. BARBORY 성 바바라 대성당

성 바바라는 광부나 소방관처럼 위험한 직업을 가진 사람들의 수호성인. 이 성당은 1388년, 오롯이 광부들이 모은 기금으로 처음 건설되었다. 다른 어느 고딕 성당에서도 볼 수 없는 독특한 텐트 모양의 지붕이 가장 큰 특징. 다른 성당에서는 볼 수 없는 커다란 광부 상과 광부 캔들 홀더가 있으며 은화를 제작하는 과정이 프레스코화로 묘사되어 있다.

📍 Barborská 685 📍 49.944912, 15.263620 ☎ 327-515-796
🕐 1-2월 10:00-16:00, 3월 10:00-17:00, 4-10월 09:00-18:00, 11-12월 10:00-17:00
💰 성인 Kč120, 15-26세 학생 및 65세 이상 Kč90, 6-15세 및 장애인 Kč50, 6세 이하 무료
Map → ⑩-D-4

KOSTNICE SEDLEC
세들레츠 해골 성당(납골당)

1511년경 흑사병과 후스 전쟁으로 처리해야 할 시체가 급증했을 때 수도사들이 공동묘지에 묻혀 있던 유골을 꺼내 납골당을 장식하기 시작한 것이 해골 성당의 시작이다. 후에 슈바르젠부르크 가문에서 이곳을 사들여 그들 가문을 위한 유골 장식을 한 것이 지금과 같은 모습으로 남았다. 처음 들어서면 수많은 해골에 둘러싸여 오싹한 기분이 드는 것은 사실. 그러나 곧 죽음의 허망함을 떠올리며 현재 주어진 작은 기쁨들에 감사하는 마음을 가지게 된다. 2019년 4월부터 보수 공사에 들어갔으나 관람에는 지장 없다.

📍 Zámecká(지번 없음) 📍 49.961791, 15.288043
☎ 326-551-049
🕐 11-2월 09:00-16:00, 3・10월 09:00-17:00, 4-9월 월-토 08:00-18:00 일 09:00-18:00
💰 성인 Kč90, 6-26세 학생 및 65세 이상 Kč60
Map → ⑩-E-3

VLAŠSKÝ DVŮR
이탈리아궁

중세의 왕실 조폐소와 왕의 거처가 있던 곳. 보헤미아 왕 바츨라프 2세는 1300년부터 기존의 17개 통화를 통합하고 이곳에서 '프라하 그로센'이라는 은화를 발행한다. 이때 이탈리아의 화폐 전문가들이 조폐 기술을 전수하기 위해 머물면서 이탈리아궁으로 불리게 되었다. 현재는 쿠트나 호라의 시청으로 쓰이고 있으며 내부는 30분마다 시작하는 투어로 돌아볼 수 있다. 쿠트나 호라와 관련된 역사화로 장식된 로열 코트와 아르누보 양식으로 장식된 성 바츨라프 채플이 특히 아름답다.

📍 Havlíčkovo náměstí 552
📱 49.948243, 15.268593 ☎ 327-512-873
🕐 1-2월 10:00-16:00, 3·10월 10:00-17:00,
4-9월 09:00-18:00, 11-12월 10:00-16:00
💰 왕실조폐소·왕궁 투어(1시간 소요) 성인 Kč115,
학생 및 미성년자 Kč75, 65세 이상 및 장애인 Kč95, 6세 미만 무료
Map → ⑩ - D - 4

시간이 있다면 여기도!

성모 승천 대성당
CHRÁM NANEBEVZETÍ PANNY MARIE

보헤미아 지방 내 가장 큰 고딕 건축물로서의 의미를 인정받아 유네스코 세계문화유산으로 지정되었다. 1300년대에 처음 지어졌으나 후스 전쟁으로 불탄 건물을 1700년에 고딕과 바로크 양식을 독특하게 섞어 재건한 것이 특징이다.

📍 U Zastávky(지번 없음)
📱 49.959830, 15.290162
☎ 326-551-049
🕐 4-9월 월-토 09:00-18:00 일 11:00-18:00,
3·10월 월-토 09:00-17:00 일 11:00-17:00,
11-2월 월-토 09:00-16:00 일 11:00-16:00
💰 성인 Kč50, 6-26세 학생·65세 이상 및 장애인 Kč30
Map → ⑩ - F - 3

쿠트나 호라 Top 3 통합 입장권

성 바바라 대성당 + 세들레츠 해골 성당 + 성모 승천 대성당 통합 입장권 :
성인 Kč220, 15-26세 학생 및 65세 이상 Kč155, 6-15세 및 장애인 Kč130

*위 세 곳에서 구매 가능하다.

TIP

당신의 편안한 근교 여행을 도와줄 애플리케이션과 웹사이트

해외여행에서 길을 찾거나 교통수단을 검색할 때 흔히 이용하는 구글맵. 그러나 프라하를 제외한 다른 도시의 교통수단은 구글맵에 반영되어 있지 않은 경우가 많다. 프라하를 벗어났을 때 우리를 도와줄 고마운 애플리케이션과 웹사이트.

 1. idos 이도스
체코 국내의 기차와 버스 정보를 상세하게 담고 있고 영어로도 이용할 수 있다. 출발지와 도착지, 출발 일시를 선택하면 이용 가능한 교통편을 일목요연하게 보여 준다.

 2. mapy 마피
체코의 네이버 지도라고 할까. 애플리케이션에는 아직 영어 서비스가 없지만 최근 웹사이트(www.mapy.cz)에서 영어 서비스를 시작했다. 영어 웹사이트는 아직 베타 버전임에도 불구하고(2018년 5월 기준) 꽤 정확하고 상세하다.

STŘEDOVĚKÝ STŘÍBRNÝ DŮL 은광 박물관

흰 가운과 안전모, 헤드 랜턴을 착용하고 중세시대 은광을 탐험하는 투어를 해보자. 은 채굴과 제련 과정, 광부의 삶에 대한 전반적인 설명을 듣고 좁고 낮은 은광까지 직접 내려가 볼 수 있다. 투어 중간에 가이드 모두 헤드 랜턴을 꺼달라고 요청한다. 지하 깊은 곳에서 느끼는 완벽한 암전 상태! 짧지만 숨이 막힐 정도로 강렬한 기억으로 남을 것이다.

📍 Barborská 28 📱 49.947699, 15.265376 ☎ 327-512-159
🕐 4·10월 09:00-17:00, 5-6월·9월 09:00-18:00,
7-8월 10:00-18:00, 11월 10:00-16:00, 12-3월 및 기상악화시 휴무
💰 지하은광투어(The way of silver, 1시간반 소요) 성인 Kč130, 학생 및 미성년자 Kč90
Map → ⑩ - D - 4

PRAHA

TRANSPORTATION

인천에서 프라하로

> 날마다 인천과 프라하를 잇는 직항이 있어 마음만 먹으면 의외로 쉽게 오갈 수 있는 곳이자 유럽 여행 코스를 정할 때 여행을 시작하고 끝내는 도시로 제격인 곳이 바로 프라하이다.

비행기

비행기타고 슈웅~~

직항

인천-프라하 간에는 매일, 주 8편의 직항이 있다. 월, 수, 금, 토요일에는 대한항공, 화, 목, 토, 일요일에는 체코항공이 운항한다. 체코항공이 조금 저렴한데, 이 가격 차이만큼 기종과 서비스에 차이가 난다. 소요시간은 11시간 정도.

요일	항공편	출발시각	도착시각
월, 수, 토	대한항공 KE935	12:45	16:55
화, 목, 일	체코항공 OK191 * 대한항공 코드셰어(KE5935)	12:50	16:40
금	체코항공 OK191 * 대한항공 코드셰어(KE5935)	14:00	17:55

경유

이 외에도 파리, 런던, 암스테르담, 프랑크푸르트, 이스탄불, 두바이 등 다양한 곳을 경유하는 노선이 있다. 특히 이스탄불(터키항공)과 헬싱키(핀에어), 바르샤바(LOT 폴란드), 모스크바(아에로플로트) 등을 경유하는 경우 특히 저렴하다. 스카이스캐너 등 다양한 항공편을 정보를 한눈에 파악할 수 있는 사이트에서 비교한 후 결정하자.

프라하 바츨라프 하벨 공항(PRG)

벨벳 혁명을 이끌고 체코의 민주화를 이루어 낸 바츨라프 하벨 대통령의 이름을 땄으며 시내 중심에서 약 20km 정도 떨어져 있다. 제2 터미널은 솅겐 조약(1995년 유럽 국가 간에 체결된 국경 개방 조약. 솅겐 조약 가입국 간에는 입국 심사 없이 자유롭게 오갈 수 있다)에 가입한 국가를 오가는 항공편, 제1 터미널은 그 외 국가에서 오는 항공편이 도착하는 곳이다. 바츨라프 하벨 공항의 가장 큰 특징은 바로 한글 안내문. 한때 대한항공이 체코항공의 2대 주주가 되면서 공항에 한글 표지판이 생겼다(체코항공은 2018년 2월 중국 기업이 지분을 가지고 있는 체코 기업 '트래블 서비스'에 매각되었다).

공항에서 시내로

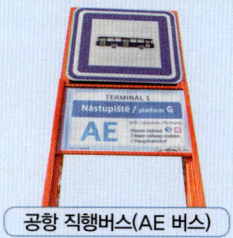

공항 직행버스(AE 버스)

- 타는 곳 : 공항의 F번 출구로 나와서 오른쪽
- 배차 간격 : 30분
  첫차 06:00·막차 22:00
- 루트 : 제1 터미널 Terminál 1 →
  제2 터미널Terminál 2 →
  마사리코보 기차역Masarykovo nádraží →
  중앙역Hlavní nádraží
- 요금 : 성인 Kč60, 6~15세 Kč30
  6세 미만 무료. 티켓은 제1터미널과
  제2 터미널 사이 판매대나 차장에게 구매
- 중앙역까지 약 40분 소요

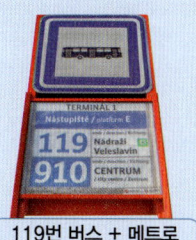

119번 버스 + 메트로

- 타는 곳 : 공항의 F번 출구로 나와서 왼쪽
- 루트 : 버스의 종착역 나드라지
  벨레슬라빈Nádraží Veleslavín역 에서
  메트로 A선으로 환승해 원하는 곳까지
  간다.
- 요금 : 15세 이상·성인Kč32,
  6~15세·60~70세 Kč16
  90분간 유효한 티켓을 구매해야 한다.
  티켓은 제1 터미널과 제2 터미널
  사이 판매대나 정류장 옆 자동 판매기에서
  구매 가능
- 나드라지 벨레슬라빈까지 약 20분 소요

프라하는 우버가 합법

택시

프라하의 택시는 바가지를 씌우기로 악명 높으므로 차라리 유심을 구입한 이후 우버를 이용하기를 추천한다 (프라하 내에서는 우버가 합법화되어 있다).
꼭 공항에 있는 택시를 이용해야 하는 경우 'AAA'나 '모드리 안델 Modrý anděl' 등 대형 택시 업체를 마크를 확인하고 타는 것이 낫다.

버스와 기차

유럽 다른 도시에서 프라하로

독일, 오스트리아, 폴란드, 헝가리 등 주변 국가에서는 버스와 기차로 프라하에 다다를 수 있다. 대부분의 기차 노선이 모여 있는 곳은 프라하 중앙역. 메트로 C선과 트램 흘라브니 나드라지Hlavní nádraží역에 바로 연결된다. 숙소가 홀레쇼비체 지역에 가깝다면 프라하 홀레쇼비체역Nádraží Holešovice에서 내릴 수도 있다. 주변국을 오가는 버스는 거의 플로렌츠Florenc 버스 터미널이나 프라하 중앙역으로 도착한다. 플로렌츠 버스 터미널은 메트로 B·C선과 트램 플로렌츠역과 가깝다.

프라하 중앙역
Praha Hlavní Nádraží
Wilsonova 8
50.083208, 14.435308

플로렌츠 버스 터미널
Autobusové Nádraží Praha Florenc
Pod výtopnou 10
50.089403, 14.439558

PRAHA
TRANSPORTATION
쉽게 이용하는
메트로, 트램, 버스

> 프라하는 시내 대중교통망이 촘촘하게 잘 발달해 있고 운행 시간도 정확한 편. 가장 편하게 이용할 수 있는 것은 트램이다. 우리에게는 익숙하지 않은 교통수단이나 트램만 잘 타고 다녀도 자유자재로 프라하 구석구석을 돌아볼 수 있다. 트램과 메트로가 닿지 않는 곳의 공백은 버스가 메운다.

(시내 대중교통)

대중교통 통합 티켓

> 유효 시간 내에 메트로와 트램, 버스, 게다가 페트르진 푸니쿨라까지 자유롭게 이용할 수 있는 통합 티켓이다.

1 티켓을 사자

티켓은 정거장의 자동 판매기나 트라피카Trafika라는 작은 잡화점에서 살 수 있는데, 아직 자동 판매기가 설치되지 않은 트램과 버스 정거장이 많고 트라피카는 쉽게 눈에 띄지 않으므로 한번 구입할 때 1~2장 정도 여유 있게 사 두는 것을 추천한다.

* 가로 25x세로 45x높이 70cm 이상 되는 수하물을 운반할 경우 Kč16을 추가로 내야 한다. 티켓을 살 때 짐이 있다고 말하면 수하물용 티켓을 함께 준다. 아이가 타고 있는 유모차와 자전거는 이에 해당하지 않는다.

* 0~6세·70세 이상은 무료이며 할인이 적용되는 60~70세 노인과 10세 이상의 경우 나이를 증명할 수 있는 신분증을 지참하는 것이 좋다.

기본 90분			단거리 30분		
15세 이상, 성인	6~15세	60~70세	15세 이상, 성인	6~15세	60~70세
Kč32	Kč16	Kč16	Kč24	Kč12	Kč12

1일권 24시간			3일권 72시간		
15세 이상, 성인	6~15세	60~70세	15세 이상, 성인	6~15세	60~70세
Kč110	Kč55	Kč55	Kč310	Kč310	Kč310

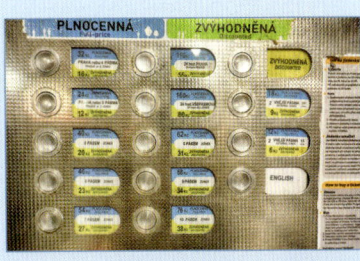

2 티켓 개찰하기

티켓은 기계에 넣어 이용 날짜를 찍은 이후부터 효력이 발생한다. 메트로는 승강장으로 내려가기 전, 트램과 버스는 차내에 노란색 기계가 놓여 있는데, 티켓을 화살표 방향으로 넣으면 날짜와 시간이 표시된다. 티켓을 바르게 넣어 날짜가 바르게 기입되도록 하고 두 번 찍지 않도록 한다. 티켓을 구매했더라도 개찰하지 않으면 검표 시 벌금을 내게 되니 잊지 말고 하자.

3 검표

유럽 대중교통 시스템을 뒷받침하는 것은 이용객에 대한 '신뢰'. 표를 당연히 샀으리라 믿고 매번 검표하지는 않지만, 부정 승차가 적발될 경우 Kč800~Kč1,500의 벌금을 물게 된다. 티켓이 유효한 시간까지 소지하고 있다가 검표원이 배지를 내밀면서 티켓을 요구하면 보여 주자.

대중교통 이용 시 팁

❶ 타고 내리는 문이 정해져 있지 않다.
❷ 승하차할 때 출입문에 달린 초록색 버튼을 눌러 문을 열어야 한다.
❸ 배낭은 앞으로 메거나 바닥에 내려놓는다.
❹ 노약자나 임산부가 타면 자리를 양보해 주는 것이 일반적이다. 그냥 앉아 있으면 따가운 눈총을 받게 될 수도 있다.
❺ 접이식 의자는 차내가 혼잡하지 않을 때만 이용한다. 앉아 있다가도 유모차가 들어오거나 사람이 많아지면 일어나는 것이 예의.

알아두면 편리한 체코어
- 출구 výstup, 방향 směr, 문 dveře, 다음 역 příští zastávka
- na znamení 이용객이 많지 않아 출입문 버튼을 눌러야 서는 역. 역 이름이 나온 전광판에는 X나 종 모양으로 표시되어 있다 (비상 정지 버튼 등 다른 버튼을 누르지 않도록 하자. 그저 출입문 버튼이면 된다).

TIP
코로나 환전 걱정, 이제 한 시름 놓자.
유로존이 아닌 프라하에 오면 환전하는 게 일이다. 환전 사기를 피하고 이왕이면 나쁘지 않은 환율로 환전하고 싶은 것이 인지상정. 다행히 2019년 4월부터 폭리를 취하는 환전소를 규제하기 위한 법령이 시행되었다. 체코 내 환전소에서 수수료를 취하는 일, "특히 유리한 환율 적용", "스페셜 환율"과 같은 광고 문구의 사용이 금지되었다. 또 여행자가 환전 후에 받은 돈이 불만족스러운 경우, 환전한 지 3시간 이내에는 무조건 환불이 가능하다. 또한 환전 시에 체코어와 영어로 "3시간 이내 환불 가능"이라고 표기된 영수증을 발행해야 하며 이를 이행하지 않을 시 환불 가능 기간이 6달로 연장된다. 환전소에서는 여행자가 환불을 요청하면 환불을 해주거나 더 좋은 조건의 환율을 제시할 수 있다. 다만 이 법은 환차 투기를 막기 위해 1000유로 이내의 금액을 환전할 경우에만 적용된다는 점을 알아두자.

메트로 — 초록색 A선, 노란색 B선, 빨간색 C선. 운행 시간 05:00-12:00

버스 — 운행 시간 04:30-00:30, 이후 새벽 04:30까지 야간 버스 운행(501-513번)

트램 — 운행 시간 05:00-00:30, 이후 새벽 05:00까지 야간 트램 운영(51-59번)

버스 — 기본요금 Kč40, 시내 운행요금 1Km당 Kč28, 대기시 1분당 Kč6

콜택시는 그나마 틱택 Tick Tack사를 추천한다. 모든 차량이 아우디 A6로만 운행되며 차내 운행 경로와 시간을 표시하는 스크린이 장착되어 있다.

- TOURIST SPOT
- SHOP
- CAFE
- ICE CREAM
- DESSERT
- RESTAURANT
- BEER
- BAR
- TEATRE OR JAZZ CLUB
- ACTIVITY
- HOTEL OR HOSTEL

P R A H A

MAP

프라하

스타레 므녜스토	①
노베 므녜스토	②
프라하성과 말라 스트라나	③
스미호프	④
비셰흐라드	⑤
카를린과 지즈코프	⑥
레트나와 홀리쇼비체	⑦
비노흐라디	⑧

근 교

쿠트나 호라	⑨
체스키 크룸로프	⑩

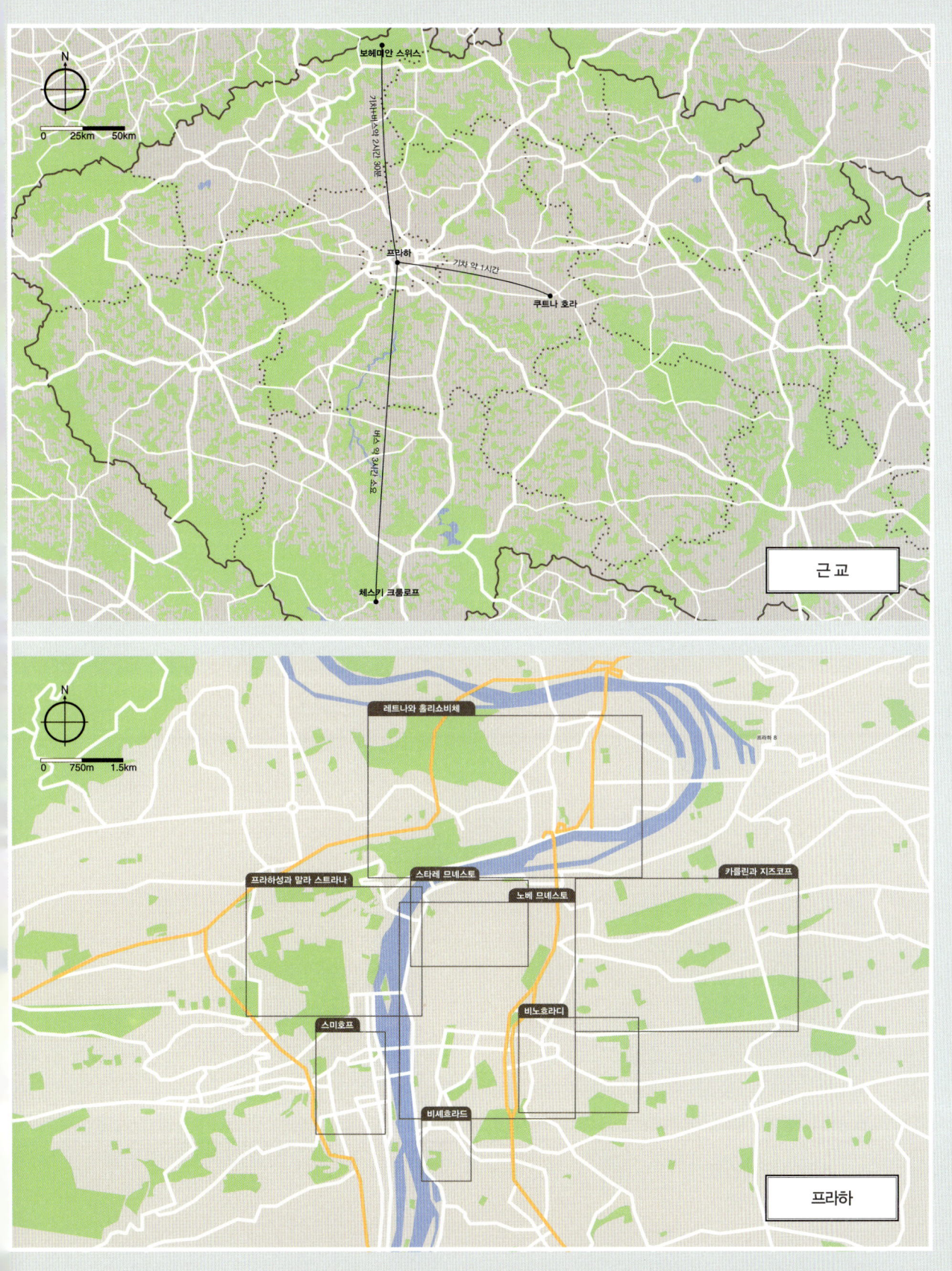

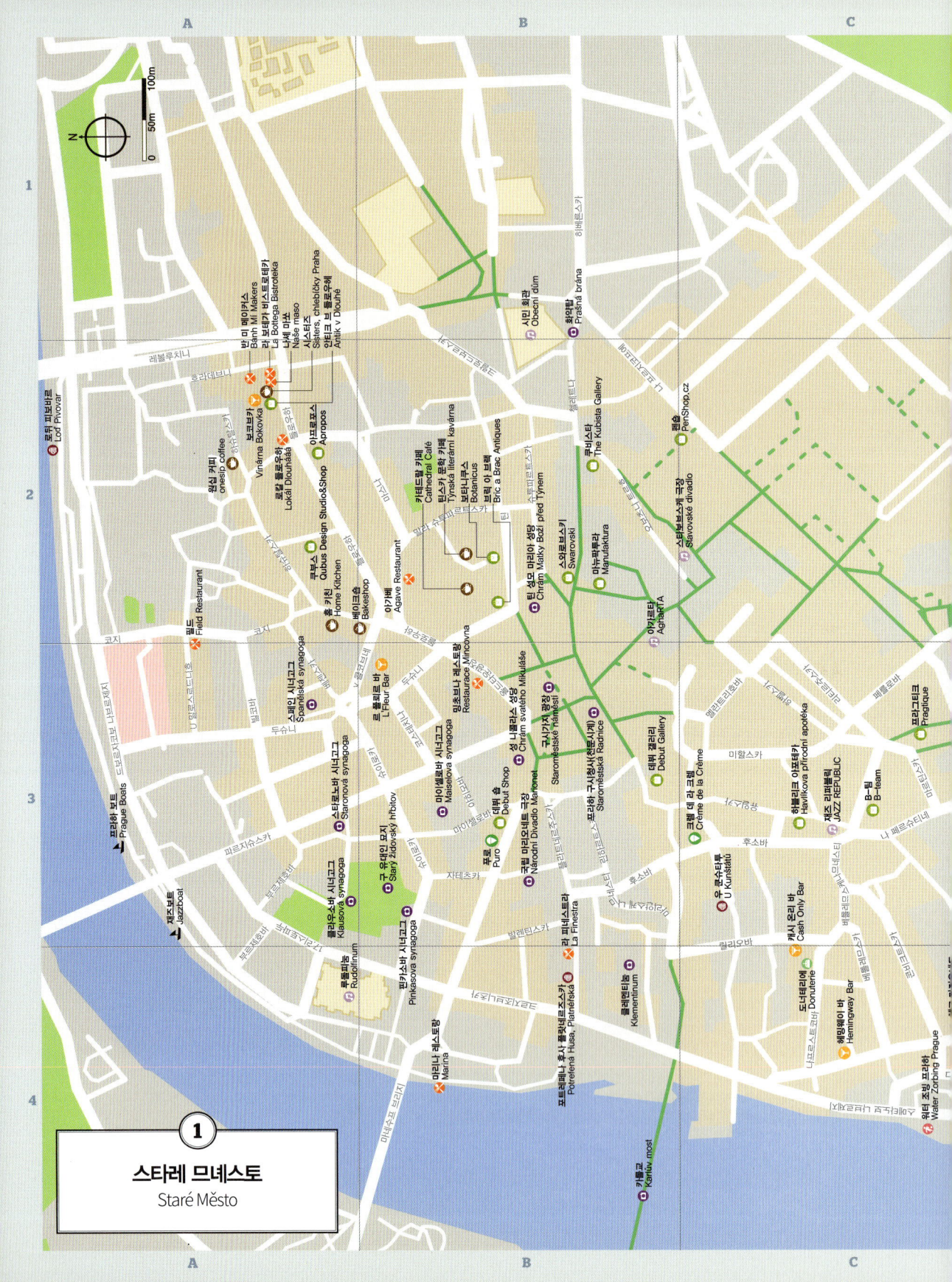

3 프라하성과 말라 스트라나
Pražský hrad & Malá Strana

4 스미호프
Smíchov

5 비셰흐라드
Vyšehrad

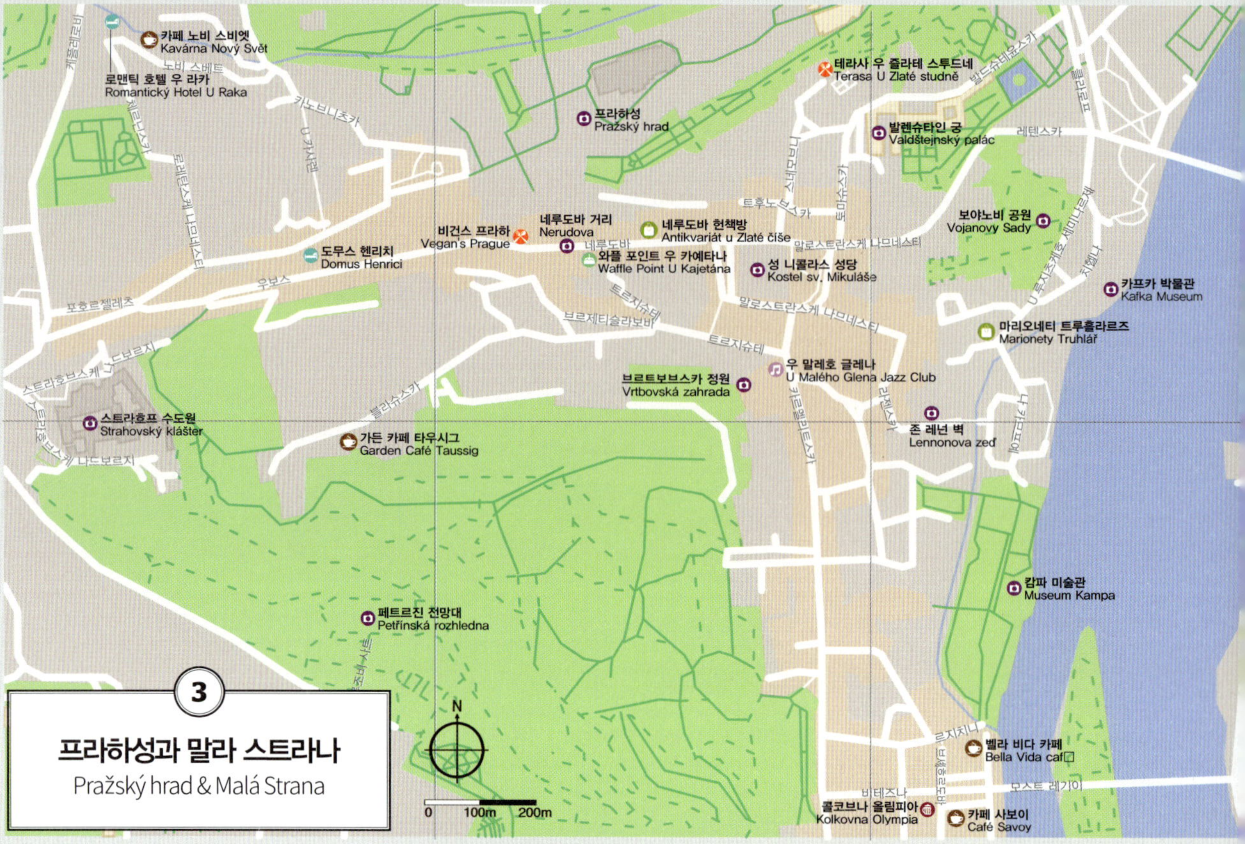

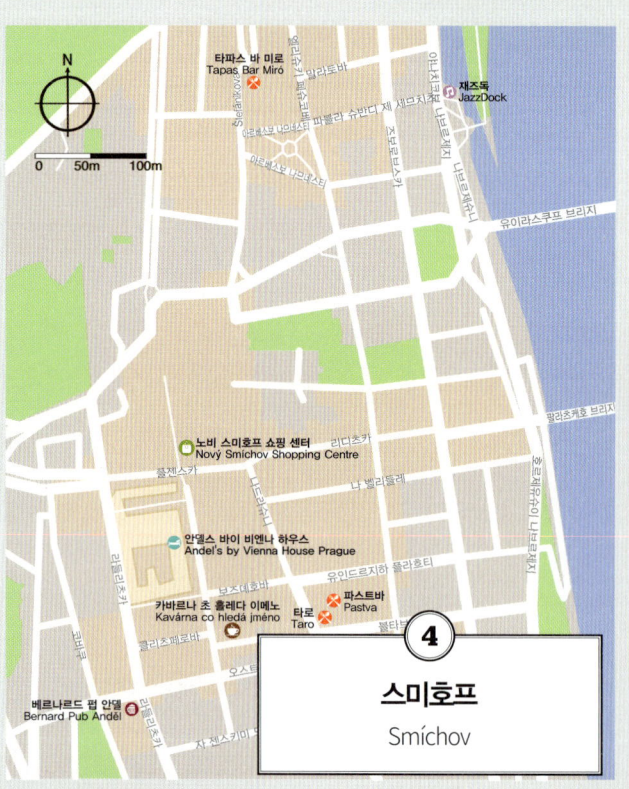

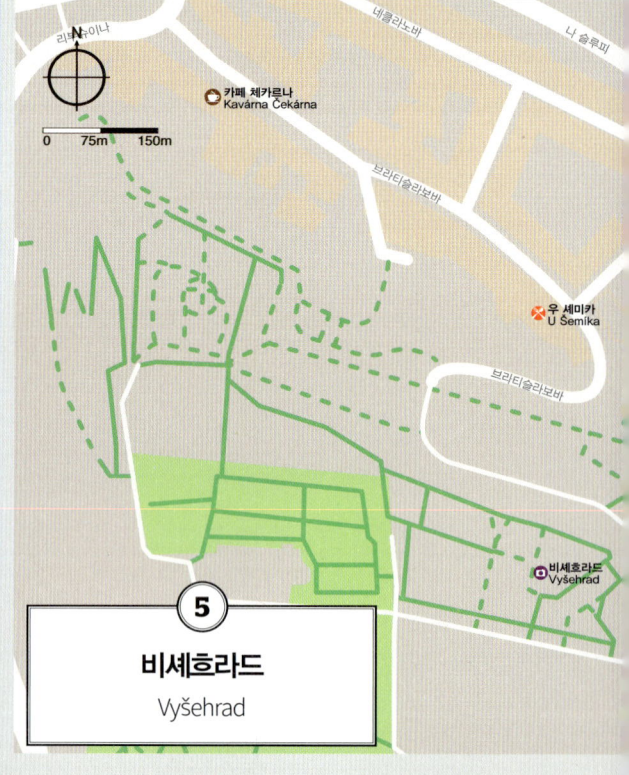

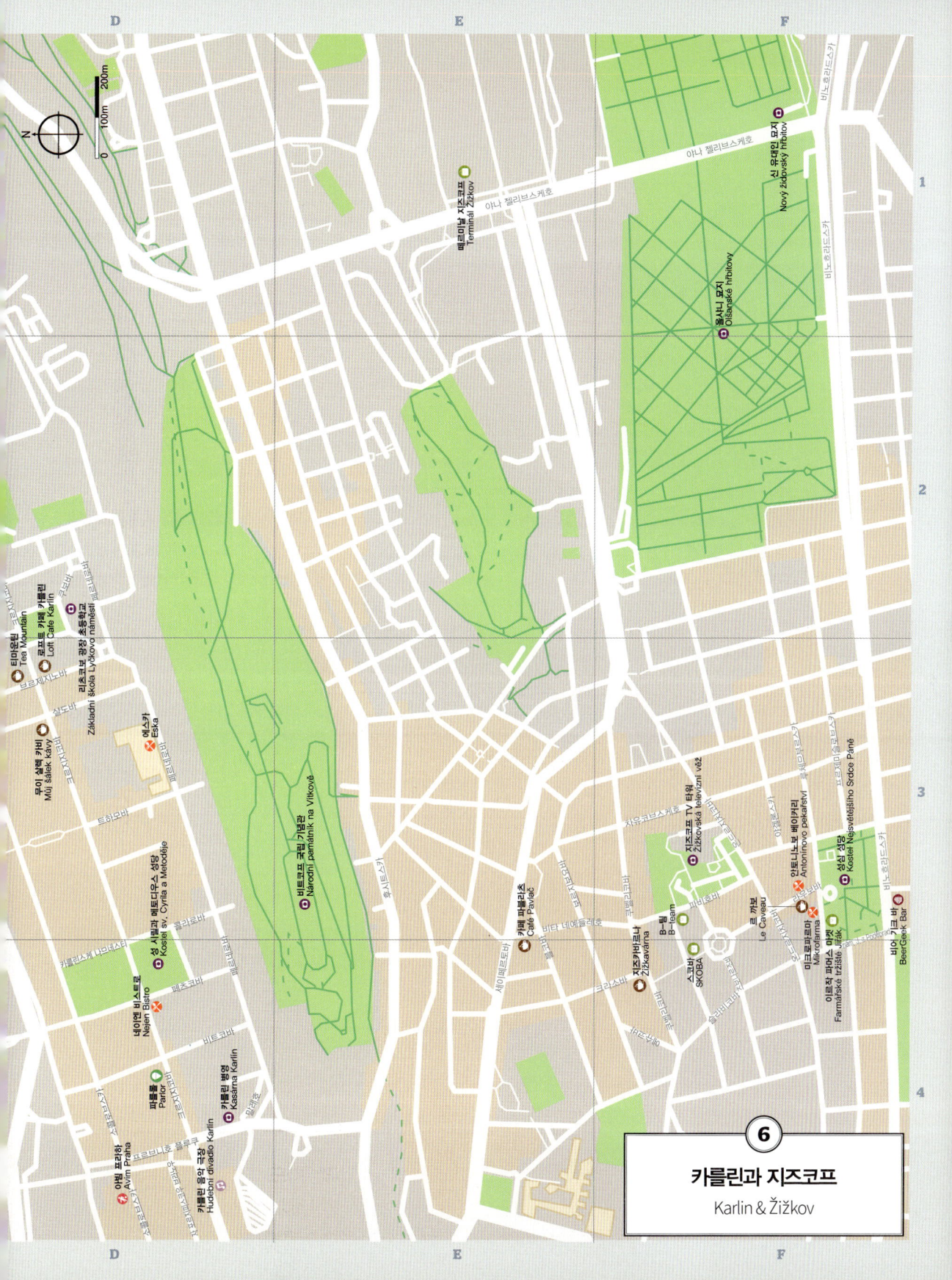

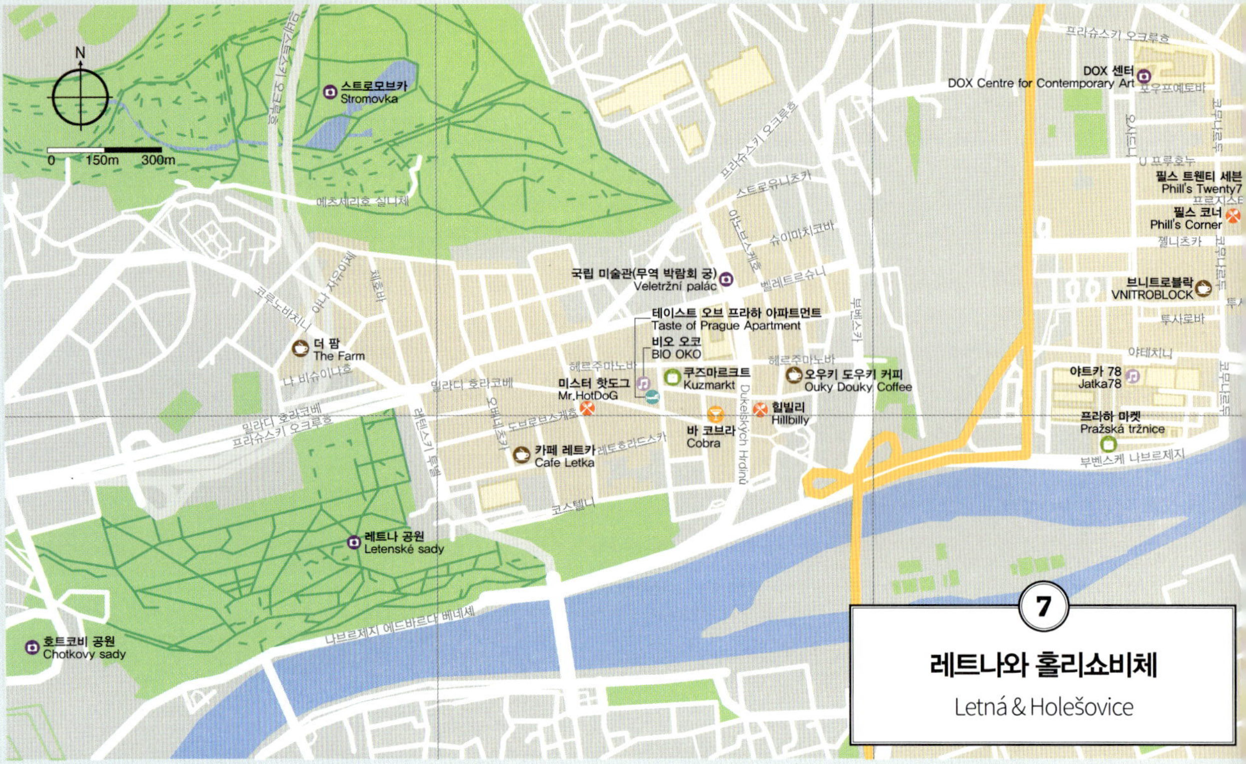

7 레트나와 홀리쇼비체
Letná & Holešovice

- 스트로모브카 Stromovka
- DOX 센터 DOX Centre for Contemporary Art
- 필스 트웬티 세븐 Phill's Twenty7
- 필스 코너 Phill's Corner
- 국립 미술관(무역 박람회 궁) Veletržní palác
- 브니트로블락 VNITROBLOCK
- 더 팜 The Farm
- 테스트 오브 프라하 아파트먼트 Taste of Prague Apartment
- 비오 오코 BIO OKO
- 아트카 78 Jatka78
- 미스터 핫도그 Mr.HotDoG
- 쿠즈마르크트 Kuzmarkt
- 오우키 도우키 커피 Ouky Douky Coffee
- 프라하 마켓 Pražská tržnice
- 카페 레트카 Cafe Letka
- 바 코브라 Cobra
- 힐빌리 Hillbilly
- 레트나 공원 Letenské sady
- 호트코비 공원 Chotkovy sady

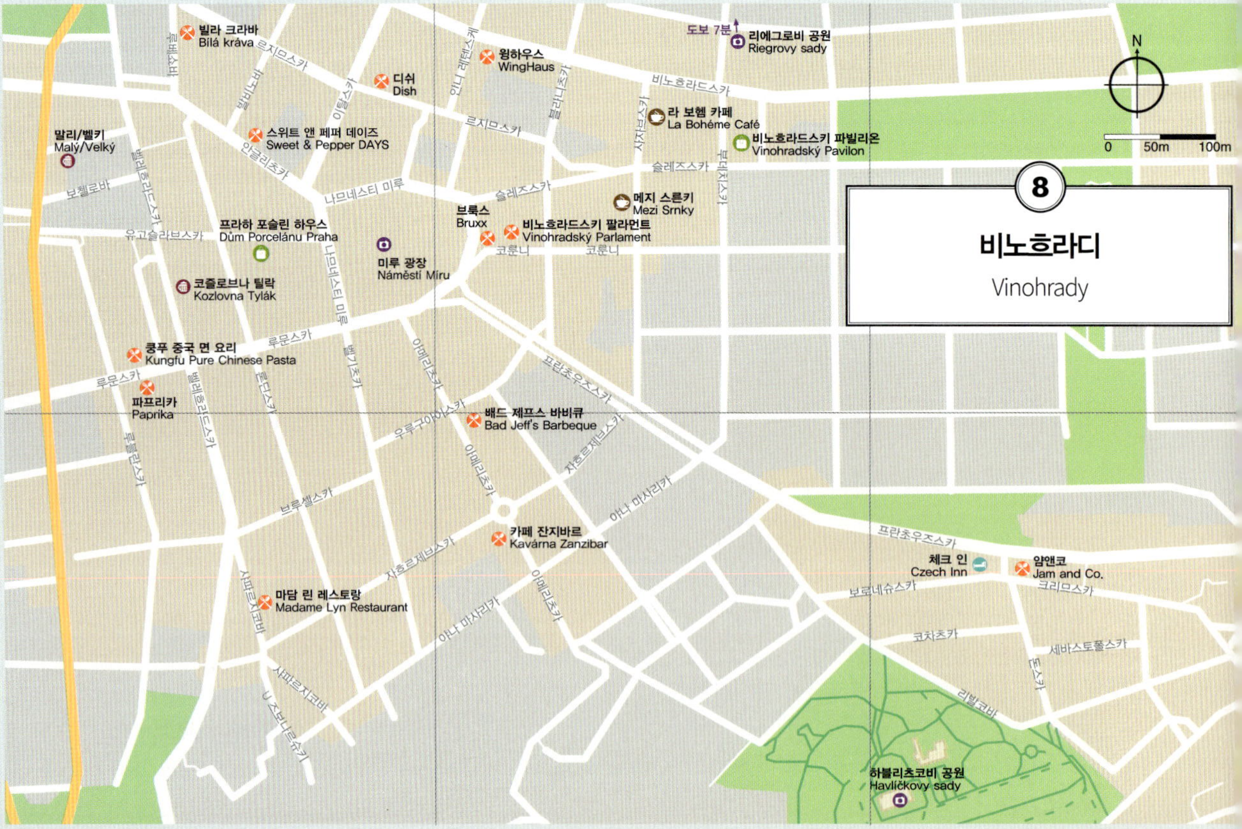

8 비노흐라디
Vinohrady

- 빌라 크라바 Bilá kráva
- 디쉬 Dish
- 윙하우스 WingHaus
- 리에그로비 공원 Riegrovy sady
- 스위트 앤 페퍼 데이즈 Sweet & Pepper DAYS
- 라 보헴 카페 La Bohéme Café
- 말리/벨키 Maly/Velký
- 비노흐라드스키 파빌리온 Vinohradský Pavilon
- 프라하 포슬린 하우스 Dům Porcelánu Praha
- 브룩스 Bruxx
- 메지 스른키 Mezi Srnky
- 비노흐라드스키 팔라먼트 Vinohradský Parlament
- 미루 광장 Náměsti Míru
- 코졸로브나 틸락 Kozlovna Tylák
- 쿵푸 중국 면 요리 Kungfu Pure Chinese Pasta
- 파프리카 Paprika
- 배드 제프스 바비큐 Bad Jeff's Barbeque
- 카페 잔지바르 Kavárna Zanzibar
- 체크 인 Czech Inn
- 잼앤코 Jam and Co.
- 마담 린 레스토랑 Madame Lyn Restaurant
- 하블리츠코비 공원 Havlíčkovy sady

Writer
윤다혜 Dahye Yoon

Publisher
송민지 Minji Song

Managing Director
한창수 Changsoo Han

Editors
강제능 Jeneung Kang
박혜주 Hyeju Park

Designer
김미연 Miyoun Kim

Illustrator
김조이 kimjoy
이설이 Sulea Lee

Marketing&PR
오대진 Daejin Oh

Publishing
도서출판 피그마리온

Brand
EASY&BOOKS
EASY&BOOKS는 도서출판 피그마리온의 여행 출판 브랜드입니다.

Tripful

Issue No.06

ISBN 979-11-85831-71-8 ISBN 979-11-85831-30-5(세트) ISSN 2636-1469
등록번호 제313-2011-71호 등록일자 2009년 1월 9일
제1 개정판 1쇄 발행일 2019년 5월 27일 | 제1 개정판 2쇄 2020년 1월 15일
서울시 영등포구 선유로 55길 11, 4층
TEL 02-516-3923
www.easyand.co.kr

Copyright © EASY&BOOKS
EASY&BOOKS와 저자가 이 책에 관한 모든 권리를 소유합니다. 본사의 동의 없이 이 책에 실린 글과 사진, 그림 등을 사용할 수 없습니다.